Wer nicht an Wunder glaubt, ist kein Realist

Mein abenteuerlicher beruflicher Weg in die Freiheit

Autor: Laura Milde

Impressum

© Laura Milde 2019
1. Auflage
Alle Rechte vorbehalten.
Nachdruck, auch auszugsweise, verboten.
Kein Teil dieses Werkes darf ohne schriftlich Genehmigung des Autors in irgendeiner Form reproduziert, vervielfältigt oder verbreitet werden.

Kontakt: Laura Milde-Borgs
Marienwerderstr. 4a, D-83313 Siegsdorf
wildemilde.com

info@laura-milde.com

Covergestaltung: Laura Milde

Coverfoto: Laura Milde

Fotografiert von Mira Horn

Buchbeschreibung

Berufserfolg wird oft ersehnt und ist doch nicht vielen Menschen vergönnt.

Erforderliche große Investitionen bremsen oft talentierte Menschen aus, ein eigenes Business zu starten. So bleiben Gaben, Talente und Fähigkeiten auf der Strecke. Laura Milde kennt den Weg von ganz unten nach weit oben. Sie teilt gnadenlos authentisch ihre Erfahrungen, warnt vor Fallstricken auf dem Weg und zeigt Möglichkeiten und Wege, wie auch „der kleine Mann" sich seinen Traum erfüllen kann und wie Frau sich trotz Kindern ein interessantes, lukratives Geschäft, ohne große Kosten, von zu Hause aus, aufbauen kann. Für alle älteren Menschen kann diese Information ein Segen sein, denn viele Rentner haben kein ausreichendes Auskommen in ihrer Rentenzeit, die ja eigentlich eine besonders wertvolle Zeit sein sollte, in der man sich seine Wünsche und Träume erfüllen können sollte.

Das zusätzliche, wunderbare Geschenk dieser beruflichen Ausnahme-Laufbahn ist die persönliche Entwicklung und Entfaltung. Als Ergebnis bekommt man (oft) zum lukrativen Einkommen noch eine charismatische Ausstrahlung, ein selbstsichereres Auftreten und glückliche Lebensumstände dazu.

Inhaltsverzeichnis

Buchbeschreibung 3
Vorwort 7
Die Prägung und üble Glaubenssätze 9
Die Suche und falsche Antworten 11
Ich bin erfolgreich, also bin ich 13
Bessere Fragen, neue Antworten 17
Neubeginn 22
Das unmögliche Angebot 24
Der Duft von Freiheit 26
Mein neues Leben 29
Mut gehört dazu 32
Meine Welt wird weit 35
Alter Traum neu aufgelegt 39
Eine erstaunliche Begegnung 43
Mehr Villa als Holzhaus 47
Meine Team-Partner müssen erwachsen werden 51
Es gibt kein Zurück mehr 53
Heiliger Abend allein in Südtirol 56
Alltag in Südtirol 57
Die Kehrseite meines Traums 59
Akquise auf unbekanntem Terrain 61

Neue Menschen, neue Orte 63
Kleiner Spoiler 69
Was machst Du beruflich? 70
Der Schock und das Aus 72
Neuerlicher Abstieg vor dem Sieg 93
Und wieder einmal: Mein neues Leben 98
Dankeschön 104
Haftungsausschluss 106

Vorwort

Wie viele Mädchen träumte ich von einer glanzvollen Zukunft. Nur dass mein Traum nicht war, Prinzessin zu werden, Tänzerin oder Schauspielerin, wie meine Mutter und Großmutter („Natürlich" studierte ich doch Schauspiel am Mozarteum in Salzburg). Ich wollte „reich" werden. Ich wollte das Haus in Nonn kaufen, wo ich als Kind so glücklich war (aus dem wir vertrieben wurden, weil wir es uns nicht leisten konnten) und es meinen Eltern schenken, „wenn ich mal groß bin". Ich stellte mir vor, wie meine Kinder alles haben durften, was sie sich wünschten. Ich würde reisen und gleichzeitig ein Haus haben können. Und ich würde mir die beste Klavierlehrerin leisten können, nicht so eine „strenge, ungeduldige, alte Frau, wie meine es war (in meinen Kinderaugen), die aber nur fünf Mark die Stunde nahm.

Ich vergaß den Traum und lebte mein Leben. Nur nach Jahren der Existenzangst, des nicht Wissens, wie ich die nächste Miete bezahlen sollte und schon den Gang zum Briefkasten fürchtete, weil (gefühlt) „nichts als Rechnungen" drin waren, erwachte in mir der Trotz und der unbedingte Wille, etwas zu verändern. Nein, ich würde nicht mein Leben lang „knapsen", jeden Cent umdrehen und doch nie genug haben. Ich wollte Erfolg! Ich wollte „reich" sein!

Ich war bereit, alles dafür zu tun, was es brauchte. Ich wollte hart arbeiten und „es" mir verdienen. Damals wusste ich noch nicht, dass es auch leicht gehen könnte.

Heute arbeite ich nicht mehr hart, sondern eher mit „Spaß an der Freud"", dafür erfolgreich, erfüllt und mit Zeit für die Dinge in meinem Leben, die mir wichtig sind (wie Klavierspielen, auf Berge steigen und reisen).

Wenn Du, wie viele Frauen, ein Herzensprojekt hast, für das Du bis jetzt nicht das notwendige Investitions-Kapital hast, dann könnte meine Entdeckung auch etwas für Dich sein. Genauso, wenn Du Dir einfach mehr Zeit für Deine Familie wünschst, Du Deine Kinder und Enkelkinder aufwachsen sehen willst, aber als Unternehmer/in bis jetzt 60 / 70 Stunden im Büro und auf Meetings verbringst: Herzlich willkommen! Oder wenn Du schlicht und einfach die Nase voll hast davon, Dir Gedanken ums „liebe Geld" zu machen, du keinen Schimmer hast, wie Du Deine Wohnung oder Dein Haus abzahlen sollst und Dir gerade klar wird: Da muss es doch noch etwas anderes geben. Vielleicht inspiriert Dich mein Weg. Du musst ja nicht die gleichen Fehler machen wie ich! ☺

Solltest Du Fragen haben, Du findest mich!

Manchmal hilft schon ein kleiner Tipp weiter, eine Empfehlung oder das Vernetzen mit interessanten Menschen.

Ich freu mich auf Dich,

in Verbundenheit,

die Laura

Die Prägung und üble Glaubenssätze

Mein kleiner Dreijähriger wachte einfach nicht auf, nach einer weiteren schweren Operation. Ich weinte, betete, flehte. Bis ich erschöpft aufgab und zu Gott sagte: „Bitte, Vater im Himmel, nimm meinen Sohn zu Dir. Ich kann nicht mehr. Ich gebe ihn Dir zurück."

In diesem Moment hörte ich mehrere Schwestern rufen: „Simon ist aufgewacht, Simon ist wieder da!"

Das war mein Moment der Hingabe. Jedoch sollten noch Jahre der Suche folgen, weil ich IHN nicht wirklich kannte. Nichts wusste, von der Vater-Liebe Gottes. Von SEINER Liebe und Güte. Und schon gar nichts davon, dass ein erfolgreiches, glückliches, gesundes Leben Gottes Wille ist - auch für mich.

Katholisch erzogen im Internat der Englischen Fräulein mit Angst vor Strafe, Fegefeuer, Hölle, statt mit Liebe, konnte ich mir Gott nur als bedrohliche Macht vorstellen. Fröhlich ging ich am Sonntag in die Kirche, verdrießlich und oftmals regelrecht verstört kam ich wieder heraus, nachdem der Pfarrer in seiner donnernden Predigt uns wieder einmal klar machte, wie sündig und schlecht wir alle waren. Die eine oder der andere wird sich daran erinnern. Außerdem fiel mir die Bigotterie auf, mit der Kirchgänger während der Messe „brav mitmachten" und nach der Andacht sich vor der Kirche die Mäuler zerrissen und sich hingebungsvoll dem Kleinstadt-Klatsch widmeten.

Erwachsen geworden konvertierte ich von der Katholischen zur Evangelischen Kirche, weil ich mir dort mehr Offenheit und Verbundenheit mit den Gläubigen erhoffte. Im Kreis gemeinsam das Abendmahl einzunehmen hatte für mich eine besondere Mystik und ich versuchte mich dem Gott Martin Luthers zu nähern. Aber auch hier konnte ich keine spirituelle Heimat finden.

Die Suche und falsche Antworten

Wie so viele meiner Zeit, landete ich auf meiner Suche in der Esoterik-Szene, verließ mich auf die Wirkung von Edelsteinen, studierte die Prinzipien des Feng-Shui, sprach täglich Affirmationen wie: „Ich bin ein Geldmagnet!" Worauf mein Unterbewusstsein stets sarkastisch reagierte mit: „Und wovon träumst Du nachts?" und versuchte mittels Horoskopen die Zukunft zu ergründen. Ich besuchte laufend irgendwelche Vorträge, übte mit Silva-Mind-Control die Herausforderungen des Lebens zu meistern. Ich goss meine Blumen nur noch nach Mondzeiten, ließ mir Haare nur noch an „Löwe-Tagen" schneiden und versuchte mit Positivem Denken Einfluss auf meinen Alltag zu nehmen. Als ich tief in Problemen steckte und mir nicht mehr zu helfen wusste, ging ich zur Hypnose, absolvierte über drei Jahre eine Psychotherapie und nahm, als ich suizidgefährdet war, die mir verschriebenen Psychopharmaka.

Irgendwie halfen mir positive Affirmationen und Selbst-Disziplin, viel Lesen von „Positiver Selbsthilfe-Literatur" und die Beschäftigung mit Mondzyklen, Bio-Rhythmen und Meditationen über einer Kerzenflamme. Aber es war ein Kampf, ein beständiger Kampf. Und wahre, unbeschwerte Freude war eine absolute Ausnahme in meinem Alltag. Über meinem Leben hing ein Schleier, der alles vernebelte. Selbst freudige Ereignisse hatten den Unterton von Angst.

Dann flog ich nach Amerika und besuchte die Mastery-University von Anthony Robbins. Er war der Guru auf dem Gebiet der Selbstbemeisterung. Ich war bereit, diese Reise anzutreten, das viele Geld zu investieren, meine Ängste zu überwinden und mich in dieses unbekannte Abenteuer zu stürzen.

10.000 Menschen auf zwei Hallen verteilt, streng bewacht von Türstehern, die den Gang zur Toilette nur nach Absprache erlaubten, da der Mensch gerne kneift, wenn es „eng" wird und es „ans Eingemachte" geht. Also meine Bereitschaft war riesig, in meinem Leben eine Wende herbeizuführen.

Selbst den Gang über glühende Kohlen absolvierte ich und dachte, nun könne ich alles meistern, nachdem ich meine Angst mich zu verbrennen, bezwungen hatte und heil und unversehrt auf der anderen Seite des meterlangen Feuerteppichs herauskam.

Ich lernte „richtig" zu essen, trank literweise gefiltertes Wasser achtete auf meine Fitness und trainierte täglich positiv zu denken, indem ich mit Inbrunst positive Affirmationen sprach. „Now I am the voice! I will lead not follow!" Aber meine Stimme blieb schrill, mein Alltag gehetzt und getrieben, wenn auch immer erfolgreicher. Ja, ich führte! Ja, ich wurde gehört! Aber in mir war diese Angst. Sobald ich alleine zu Hause war, ich keine Ablenkungen mehr hatte, übermannten mich die Panik-Gefühle und erst in größter Erschöpfung fiel ich in unruhigen Schlaf.

Ich bin erfolgreich, also bin ich

Im Außen funktionierte ich. Meine Kosmetikpraxis lief wie geschmiert und ich verdiente gutes Geld, was in dieser Branche als „kleine Kosmetikerin" gar nicht so einfach war. Ich gab einfach alles. Besuchte laufend Fortbildungen, verbesserte meine Angebote, verschönerte die Praxisräume, kaufte noch bessere Geräte und baute mein Angebot aus, indem ich auch Körper-Behandlungen anbot, exquisite Produkte verwendete, Permanent-Make-up und Farb- und Stilberatung in mein Programm aufnahm. Für all diese Zusatzleistungen besuchte ich jeweils erneut Ausbildungs-Institute und erwarb entsprechende Zertifikate.

Durch eine gute Kundin erfuhr ich von einer Stelle für eine externe Trainerin zur Schulung von Junior-Verkäufern eines großen Konzerns im Bereich Business-Knigge und selbstbewusstes Auftreten, richtiger Kleidungsstil und Etikette.

Ich bewarb mich und bekam einen Vertrag. Dreieinhalb Jahre gab ich monatlich Kurse für die jungen Verkäufer, lernte selbst extrem viel dazu und verdiente richtig gutes Geld. Zu dieser Zeit erweiterte sich mein Horizont enorm! Ich ließ mich anstecken von den großen Visionen der Führungskräfte, mit denen ich immer mutiger Gespräche führte. Ja, es erforderte all meinen Mut, mich nicht klein zu machen und zu verstecken, als „kleine Kosmetikerin". Gerade Frauen tendierten dazu, sich, ihre Talente und Fähigkeiten klein zu reden und sich vor Gesprächen mit „großen Tieren" zu fürchten. Kennst Du das womöglich heute auch noch?

Ich steckte mir immer höhere Ziele. Mein Lebenstempo wurde immer schneller. Ich glaube, ich bemerkte gar nicht, wie ich mich selbst mit Erfolg, neuen Herausforderungen und all dem „Bling-Bling", der damit verbundenen Anerkennung und dem eigenen Stolz betäubte. Ich überholte mich selbst. Fühlen tat weh – und das ließ sich auf meinem Erfolgs-Trip gut vermeiden.

Mein Kosmetikstudio lief weiterhin gut. Ich war mutig gesprungen von meiner Praxis im Keller, in große, helle Räume im ersten Stock einer Stadtvilla in der Gartenstadt. 80 Quadratmeter hatte ich nun zur Verfügung und ich lebte meine Leidenschaft für außergewöhnliche Inneneinrichtung voll aus. Es gab ein kleines Sonnenstudio, einen Extrawarteraum und einen wirklich weitläufigen, mit großen Fenstern gesäumten Behandlungsraum. Ich wählte als Mobiliar keine übliche Studio-Einrichtung, sondern bunte Vitrinen, überdimensionale Bilder und viel freien Raum. Es war eine Lust, hier meine Kunden zu empfangen. Ich war selig und genoss dies wunderschöne, farbenfrohe Ambiente mitten in einem Garten. Während einer Behandlung konnte ich in die Bäume vor dem Fenster schauen, was mir eine tiefe Ruhe gab, die sich wohltuend auf meine Kunden übertrug. Die Mittagspause verbrachte ich bei schönem Wetter auf dem Balkon, der ebenfalls umgeben von Bäumen war und ich lauschte den Vögeln und beobachtete Eichhörnchen. Eine Idylle in Stadtnähe. Meine Kunden empfahlen mich weiter und so wuchs mein Kundenstamm zu meiner Begeisterung stets weiter. Bekannte Namen fanden sich inzwischen auf meiner Kundenliste und ich erinnere mich an so manch nette Begebenheit, wenn „Otto Normalverbraucher" eine berühmte Schauspielerin in meinem Studio antraf.

Und doch befriedigte mich diese Arbeit nicht mehr so wie in den ersten Jahren. Deshalb drückte ich noch einmal die Schulbank und „baute" meinen großen Heilpraktiker am Zentrum für Naturheilkunde in München. Im Fach der Homöopathie fühlte ich mich zu Hause und so studierte ich Hahnemann rauf und runter, lernte Repertorisation mit dem Kent-Repertorium, fuhr jede Woche zusätzlich in die Homöopathie-Schule nach Gauting und war stolz wie Bolle, dass ich meine Heilpraktiker-Prüfung auf das erste Mal bestand, was bei 80% Durchfallquote ja tatsächlich eine gute Leistung ist.

Mit Feuereifer lernte ich und setzte Gelerntes sogleich in meiner Praxis um, denn meine Kosmetikkunden nahmen gerne und offen meine neue Expertise an. Für meine Patienten, die eine homöopathische Beratung bekamen, war ein weiteres Zimmer vorhanden, welches ich schlicht mit einer Sitzecke und einem Schreibtisch einrichtete, sowie einem Bücherregal über die ganze Wand für all meine Fachbücher. Durch die Beratung kristallisierte sich immer mehr mein Coaching-Talent heraus und aus anfänglicher homöopathischer Sitzung wurde immer öfter ein Coaching-Gespräch. Hatte ich schon während meiner Kosmetikzeit immer ein offenes Ohr für meine Kunden, so wurde ich nun mit all den Untiefen menschlichen Seins konfrontiert und gefordert, mit offenem Herzen und offenem Geist, den Menschen zu seiner eigenen, in ihm wohnenden Weisheit, zu führen. Durch Empfehlungen wurde ich zu Vorträgen eingeladen und mein Wirkungskreis vergrößerte sich zu meiner Freude immer mehr.

Zusätzlich fesselten mich die Lehre der Konstitutionsmittel und der Typologie in der Homöopathie, weil ich mich und meine Besonderheiten, meine Tics und Macken in den Büchern beschrieben fand und ich mich damit nicht mehr so als Außenseiter fühlte. Ich fragte mich manchmal: „woher kennt der Autor dieses Buches mich so gut?" Ich konnte mich ziemlich genau einem bestimmten Mittel zuordnen, was eine große Faszination auf mich ausübte.

Allerdings war ich in einem Hamsterrad gefangen, auch wenn es inzwischen golden glänzte. Die Miete musste herein gearbeitet werden, die teureren Betriebskosten gestemmt und der Wareneinsatz vergrößert werden. Täglich packte ich den Korb mit Schmutzwäsche ins Auto, da ich im Bad meiner Praxis keine Waschmaschine haben wollte. Sie hätte meinem Empfinden nach das schicke Ambiente verdorben. Zu Hause angekommen, nach einer Stunde Fahrt, je nachdem wo ich gerade wohnte, ging die Arbeit weiter. Wäsche waschen, trocknen, zusammenlegen, den Wäschekorb wieder ins Auto tragen, Kassenbuch führen, Buchhaltung vorbereiten, Ware bestellen, Fortbildungen buchen, Termine mit Vertretern vereinbaren und Patientengespräche terminieren. Gott sei Dank bot ich meine Leistung als Heilpraktikerin nur Privat-Patienten an, sonst hätte ich noch Stunden zusätzlich gesessen an Abrechnungen an die verschiedenen Krankenkassen. Diese Empfehlung der Schule war Goldes wert, denn ich hörte oft die Klagen der Kollegen diesbezüglich.

Bessere Fragen, neue Antworten

Eines Tages stand ich mit meinem voll bepackten Wäschekorb vor meiner Praxis und fragte mich: „Wie lange willst Du Dir diesen Stress noch antun, Laura?" Diese Frage öffnete mir einen neuen Raum, wie sich später noch herausstellen sollte.

Mich weiter zu entwickeln blieb mein Steckenpferd und so absolvierte ich viele Seminare bei namhaften Trainern, investierte in mich und meine berufliche Expertise und las alle möglichen Fachbücher, die mir persönliches Wachstum versprachen. Mein Vater, von dem ich wohl meine Leidenschaft für Bücher geerbt habe, meinte, ich könne doch auch zwischendurch zur Entspannung Biografien und gute Romane lesen, was ich mir zu dieser Zeit einfach nicht gönnte. Ich war zu sehr damit beschäftigt, mein Leben zu verbessern, meine Persönlichkeit zu entwickeln und meine Bildung zu fördern. Allenfalls Biografien erfolgreicher, großer Menschen las ich, um wiederum von ihrer Weisheit zu profitieren. Meinem Vater verdanke ich ebenfalls diesen Antrieb zur Selbstentwicklung, denn er war es, der mir mein allererstes Seminar nahebrachte. Er hatte von einem Kurs erfahren, der Gedankenkontrolle zum Inhalt hatte, was ihn extrem faszinierte. So lud er mich ein, dieses dreitägige Seminar, Silva Mind Control, gemeinsam mit ihm zu besuchen. Und es folgten noch einige gemeinsame Trainings, was mir viel bedeutete, da ich mit ihm einen intensiven Austausch hatte, und damit auch die Inhalte im Leben besser umzusetzen lernte.

Bei Pallas-Seminare lernte ich enorm fürs Leben. Wirklich umsetzbare Methoden, die mir all die Jahre halfen, mein Leben zu meistern. Mit Humor und eingängigen Cartoons vermittelten die Pallas-Seminar-Leiter förderliches Wissen, größeres Verständnis und einen tiefen Sinn der Dankbarkeit.

Hier kam ich mit der „Disziplin der Dankbarkeit" in Berührung. Ich erkannte, dass ich, je dankbarer ich all das Gute in meinem Leben wahrnahm, umso mehr Segen in mein Leben zog. Alfred Stielau-Pallas war für mich eine unglaublich bereichernde, fördernde Begegnung. Desweiteren war er noch ein Bindeglied zu meiner verstorbenen Mutter, die Suizid verübt hatte und mich damit in ungeahnte seelische Tiefen stürzte. Alfred Stielau-Pallas war Auftraggeber meiner Mutter, die für ihn anfänglich Kassetten für seine Seminare besprach, aufgrund ihrer beruflichen Qualifikation als Schauspielerin. Eine dieser Kassetten habe ich heute noch und sie ist mir ein kostbarer Erinnerungsschatz an die wunderbare, wohl akzentuierte Stimme meiner Mutter.

In einem seiner Seminare lernte ich die unglaublich hilfreiche Übung kennen, mir vorzunehmen, dass der Selbstmord meiner Mutter ein echtes Geschenk meines Lebens sein würde, was mir erst einmal unmöglich zu denken war. Über die Jahre kann ich heute verstehen, dass dieser gedankliche Bypass mir eine neue Sichtweise auf dies tragische Ereignis ermöglicht hat und ich meinen Fokus weg vom armen Opfer, hin zu einem offenen Geist, der stets das Gute, Schöne, Förderliche sucht, ermöglicht hat.

Hier lernte ich auch, größeres Verständnis für Menschen und ihre Schwächen zu haben, inklusive meiner eigenen. Die hilfreiche Zeichnung bestand hier aus einem Hochhaus, das ich gedanklich vom Keller-Geschoß bis in den zehnten Stock hinaufsteige. Aus dem Kellergeschoß sehe ich nur die Füße der Passanten, die über das Kellerfenster hinweg trippeln. Aus dem Erdgeschoß sehe ich Menschen, Autos, Fahrräder vorbeieilen. Vom Fenster des zweiten Stockwerkes sehe ich bereits die Bäume am Straßenrand, die bunten Sonnenschirme auf den Balkonen der gegenüberliegenden Häuser. Vom fünften Stockwerk aus kann ich den ganzen Park überblicken, sehe von oben in die Gärten und spielende Kinder im Sandkasten auf dem Spielplatz gegenüber. Und letztendlich im zehnten Stock angekommen, kann ich den Weitblick genießen, die Berge sehen und vielleicht einen See in der Ferne.

So wächst auch das Verständnis für das eigene Leben mit der persönlichen Entwicklung, dem geistigen Aufstieg sozusagen. Und ich konnte auch die Erfahrung machen, dass Menschen, je erfolgreicher und weiser sie sind, je höher sie im Hochhaus des Lebens angekommen sind, mir umso freundlicher und verständnisvoller begegneten.

Ein Seminar muss ich unbedingt erwähnen, weil es mich dermaßen fasziniert, begeistert und beflügelt hat, dass ich es acht Mal, ja acht Mal, wiederholt habe. Es ist das Forum von Landmark Education. Es wurde immer wieder als „mega amerikanisch" verschrien und vermutet, es sei eine Sekte. Ein Seminar-Leiter stellte sich mit den Worten vor: „Ich entschuldige mich dafür, Amerikaner und zu Amerikanisch zu sein." Das traf mich tief und ich begriff, welche Vorurteile mich fast davon abgehalten hätten, dieses wunderbare, Gewinn bringende Seminar für mich zu nutzen. Eine Sekte konnte es nicht sein, denn das Merkmal einer solchen ist, dass man einen Guru „anbetet", sich selbst aufgibt, viel Geld „spendet" und seine Arbeitskraft kostenlos einbringt. Im Forum wurden die Menschen befähigt eigenständig zu denken, sich ihrer ganzen Kraft bewusst zu werden, ermutigt und dazu angeleitet, mit allen Menschen in Frieden zu leben. Und es kostete bei weitem weniger als so manch andere Seminare, die ich besucht hatte, zumal die Wiederholungen gegen eine kleine Gebühr möglich waren. Also für mich ein Volltreffer und ich zehre noch heute davon, erinnere mich immer wieder in schwierigen Situationen an die sogenannten Unterscheidungen (Übungen), die mich befähigen, Herausforderungen mit Charme galant zu meistern. Ich bin froh und dankbar, dass es dieses Forum damals noch in München gab. Ob es heute überhaupt noch in Deutschland zu buchen ist, weiß ich nicht und es liegt mir hier auch fern, Werbung für irgendeine meiner absolvierten Ausbildungen zu machen. Mir haben die Ideen der „Selbst-Bemeisterung" und Disziplin gefallen. Ich habe stets die Wahl, wie Umstände auf mich wirken. Ich habe stets die Wahl, mit welcher Reaktion ich auf Situationen antworte. Und es wurde mir klar, dass alle Bedeutung bestimmter Erfahrungen von mir selbst hinzugefügt wurde und ich damit niemandem die Schuld zuschieben kann. Das Ende des Opfer-Daseins also! Das schmeckt uns Menschen nicht so ohne weiteres. Selbst die Verantwortung für alles zu übernehmen fühlt sich erst mal anstrengend an. Es ist jedoch die unbedingte Voraussetzung dafür, selbst die Macht über das eigene Leben zu haben, Herausforderungen zu meistern, ohne im Klagen hängen zu bleiben und beherzt Dinge zu ändern, die nicht mehr ins eigene Lebenskonzept passen. Nur ich selbst kann meine Lebensumstände meistern oder verändern. Mit der Schuldzuweisung gebe ich auch gleich meine Macht und Eigenständigkeit ab. Freiheit entsteht durch Annahme der Eigenverantwortung. Freiheit ist das Geschenk, welches aus dem Kunststück entsteht, sich selbst nicht so wichtig zu nehmen und gleichzeitig die eigene wahre Größe (und damit jedes anderen Größe) anzuerkennen. Ich nahm die Aufgabe „herunterzusteigen" wörtlich, stellte mich auf einen Stuhl und stieg bewusst herunter, was im übertragenen Sinn heißt, das eigene Rechthaben loszulassen. So wurde mir und meinen Zellen bewusst, indem ich (anfangs oft!) von einem Stuhl, einer Mauer, notfalls von einem Tisch, bei besonders hartnäckigen Fällen, herunterstieg, dass wahre Freiheit darin liegt, das eigene Recht haben aufzugeben. So wie wir in Bayern sagen: „Du hast Recht, ich hab' meine Ruh'." Oder die Idee: „Du hast entweder Recht oder Du bist erfolgreich!"

Neubeginn

Wie oft erzählte ich mir „meine Geschichte" vom armen Opfer, bis mir bewusst wurde, dass es genau das ist: Eine Geschichte! Und Geschichten kann man erfinden, umschreiben, neu schreiben. Als ich dann auch noch erfuhr, dass unser Gehirn trickreich arbeitet und unsere Erinnerungen oft gar nichts mit dem tatsächlichen Ereignis zu tun haben, musste ich doch lachen und ich begann, meine Kindheit umzuschreiben, nach dem Motto: „Es ist nie zu spät für eine glückliche Kindheit."

Alles in allem kann ich rückblickend sagen, dass es sich gelohnt hat, in mich und mein Wachstum zu investieren. All die gelesenen und oftmals mit Leuchtstift durchgearbeiteten Bücher, all die Skripte, die ich aus Seminaren mit nach Hause brachte, und gewissenhaft nacharbeitete, all die Kassetten, CDs, die Vorträge, haben tief in mir etwas bewirkt. Ich fühlte mich besser, meisterte eleganter meine Herausforderungen, bezog mich auf mich so, wie ich heute war und nicht, wer ich laut meiner Vergangenheit sein müsste. Mein Auto wurde zur rollenden Universität - ein Tipp von Nikolaus Enkelmann, den ich als großartigen Menschen und weisen Trainer erinnere. Erst vor kurzem fiel mir ein, dass Enkelmann es war, der fragte: „Bist du mutig genug, dir die Frage zu stellen: GOTT, was hast DU mit mir vor?" Damals habe ich die Weisheit dieser Fragestellung nicht verstanden. Aber es zeigt, dass sich die Zellen alles merken; dass zu gegebener Zeit ein Satz, ein Bild, eine Idee hoch ploppt, wenn wir zum

Beispiel an einer Weggabelung unseres Lebens stehen, eine Entscheidung ansteht, oder wir innerlich um Hilfe bitten.

Ich blieb weiterhin eine Suchende. Ich fühlte, ich war noch nicht angekommen. Da musste es noch etwas anderes geben. Das konnte noch nicht alles gewesen sein. Das kennst Du doch bestimmt auch, diese Gedanken, diese Unruhe, dieses Getriebensein, oder? Ja, ich war, äußerlich gesehen, weiterhin auf dem Erfolgstrip. Und ich sollte noch ganz andere Höhen beruflichen Erfolgs erklimmen. Durch meine innere Unruhe, war meine Wahrnehmung stets wach.

Das unmögliche Angebot

Und so erkannte ich eines Tages DIE Gelegenheit, als ich von einer Vertriebsform erfuhr, von der ich bis dahin noch nie etwas gehört hatte. Über eine VHS-Video-Kassette, ja, so lange ist das her, erfuhr ich von einem spannenden System, indem Geld nicht nur in Einzelanstrengung verdient wird, sondern mit Menschen zusammen, mit einem ganzen Team! Das war für mich als Einzelkämpferin elektrisierend neu. Ich studierte jedes einzelne Wort, nahm die ganze Botschaft auseinander und legte die Kassette erst mal auf die Seite. Zu neu, zu seltsam, zu aufregend war die Erklärung dieses Geschäftsmodells.

Aber es rumorte in mir. Diese Idee ließ mich nicht mehr los. Bis ich mir ein Herz fasste und die Telefonnummer wählte, die in dem beiliegenden Prospekt angegeben war. Man war nicht bereit, mir am Telefon mehr zu erklären und lud mich, die ich nun vollkommen neugierig war, zu einer Veranstaltung in einem Hotel in der Nähe ein.

Was mich da erwartete, sprengte meine Bereitschaft, das Gehörte als wahr anzunehmen. Zu grell, zu laut, zu aggressiv stürmte alles auf mich ein. Ich sollte sofort irgendwelche „tollen, erfolgreichen Menschen" kennen lernen, sollte mich sofort für ein neues, großartiges Business entscheiden und idealerweise auch gleich irgendwo unterschreiben. Ich floh!

Aber der Same war gesät. Als eines Tages eine gute Kundin meines Kosmetikinstituts voller Begeisterung von einer neuen Geschäftsidee erzählte, war ich offen. Allerdings musste sie mir erst versichern, dass es sich nicht um diese „laute, grelle Firma" handelte, von der ich so abgeschreckt war. Ich wollte mehr wissen.

Wieder wurde ich zu einer Veranstaltung eingeladen, einer Geschäftspräsentation, wie man mir sagte. Ich war angenehm überrascht von dem geschäftlichen Auftritt der Menschen, der Ruhe und der klar strukturierten Botschaft auf Folien. Ich verstand diesmal schon viel besser, wie solch ein Vergütungsplan funktionieren kann. Und vor allem, man übte keinerlei Druck auf mich aus, ließ mir die Zeit, die ich brauchte, um dies neuartige System als Geschäftsgelegenheit für mich zu überdenken.

Der Duft von Freiheit

Da es um die Investition von 5.000 DM für eine Erstausstattung der Produkte ging, um sie selbst zu testen und auch vorführen zu können, ersparte ich mir einen Schnellschuss. Es handelte sich um Magnet-Produkte wie Schlafsysteme, Sportbandagen, magnetische Schuheinlagen, Wasser- und Luftfilter. Ich arbeitete mich in die Materie ein mittels Bücher über Magnetfeld-Therapie, ging zu Vorträgen zum Thema und las alles, was mir in die Hände kam zu dieser Geschäftsidee des Networkmarketing. Was für eine faszinierende Idee, gemeinsam mit einem Team Geld zu verdienen, zum Wohle jedes einzelnen. Jeder bringt seine Arbeitsleistung ein, empfiehlt und verkauft die Produkte weiter und kann sogar Menschen, die auch nach einem Zweit-Einkommen suchen, ebenfalls dieses Geschäftsmodell empfehlen. Es ließ mich der Gedanke nicht mehr los: „Was ist, wenn das wirklich möglich wäre?" Es würde mir meinen Traum erfüllen von überall aus arbeiten zu können, nicht wie mit meiner Praxis, an einem Ort gebunden zu sein. Meine Patienten und Kunden konnte ich ja nicht gut in eine andere Stadt mitnehmen. Da ich sehr oft umgezogen bin, in meinem Leben, aber 20 Jahre lang meine Praxis im Osten Münchens hatte, musste ich von meinem jeweiligen zu Hause täglich eine entsprechende Fahrzeit in Kauf nehmen. Ich wohnte damals ein paar Jahre in Avenhausen, unweit von Marquartstein, dann zog ich um in die Nähe von Augsburg, ins Hinterland von Aichach, dann wieder nach Aschau in den Chiemgau. Ich benötigte jeden Morgen über eine Stunde Autofahrt, wenn es gut ging und mich nicht gerade wieder ein Stau, auf dem neuralgischen Punkt des Irschenbergs, oder aus anderer Richtung kommend, der Eschenrieder Spange, ausbremste. Und nach Praxis-Schluss abends das ganze wieder zurück. Auch wenn ich die Zeit gut nutzte, um Audios mit interessanten Lehrinhalten zu hören, war es doch eine tägliche Herausforderung, die zu meistern mir mit den Jahren immer schwerer fiel. Und schließlich kostete es nicht nur meine Nerven, sondern auch entsprechend hohe Fahrzeugkosten.

Dann war da nicht nur die örtliche Unabhängigkeit, und mein schon lange währender Wunsch, einmal nach Italien auszuwandern, sondern wie ich immer wieder auf Vorträgen des Unternehmens hörte, auch die Chance auf finanzielle Freiheit. Sogar von passivem Einkommen wurde gesprochen. Für mich als selbständige Einzelkämpferin reizvoll aber zunächst einmal unvorstellbar.

Was ich verstand, war, dass es auf meinen eigenen Einsatz ankam, wie viel Geld ich verdiente. Und ja, arbeiten konnte ich! Das tat ich ja schon seit Jahren. Und mich in neue Themengebiete einzuarbeiten war ich ebenso gewohnt. Ich konnte schon mit mehreren Berufsbezeichnungen aufwarten. Aber jede meiner Selbständigkeiten verlangte meinen vollen Einsatz: selbst und ständig. Und im Networkmarketing sollte es nun möglich sein, sich mit den Jahren ein Team aufzubauen und damit ein Residual-Einkommen zu generieren. Was für eine grandiose Idee. Zu gut, um es nicht zu tun! Ich sprang, investierte einen für mich doch hohen Betrag, da zum Wareneinsatz noch etliche Kosten für eine Lizenz, Kataloge, Seminare und Eintritte zu den Geschäftspräsentationen, zu denen ich mehrmals die Woche mit Interessenten gehen würde, dazu kamen.

Mein neues Leben

„Und jedem Anfang wohnt ein Zauber inne, der uns beschützt und der uns hilft, zu leben", wie schon Hermann Hesse schrieb.

Es folgte eine aufregende Zeit. Aufregend, arbeitsreich, hektisch und sehr, sehr erfolgreich. Ich begann damit, jedem zu erzählen, dass ich ein neues Business startete und lud diejenigen zu Info-Veranstaltungen ein, die mehr wissen wollten. Denn ich selbst konnte das Geschäftsmodell ja noch gar nicht erklären. Nach gefühlten hundert besuchten Präsentationen in nahe gelegenen Hotels, war ich allerdings in der Lage, selbst Geschäftspräsentationen durchzuführen -und das tat ich mit Begeisterung in meinen schönen Praxisräumen. Gott sei Dank lernte ich schnell und traute mich vor Menschengruppen zu sprechen. Auch Kunden und Patienten lud ich ein, denn sie bemerkten eine positive Veränderung an mir und fragten mich nach dem Grund. Ich war positiv aufgeladen, voller Zuversicht, das Richtige zu tun, einen Unterschied im Leben von Menschen zu bewirken und selbst finanzielle Unabhängigkeit zu erlangen.

Ich tappte allerdings auch in so manches Fettnäpfchen, als ich im Überschwang erzählte, welche finanziellen Ziele ich mir gesteckt hatte. Ich kann mich noch gut an einen Banker erinnern, der mich für total übergeschnappt hielt, als ich ihm von den Einkommensmöglichkeiten in dieser Branche erzählte. Mit der Zeit und so manch absolvierten Ausbildungen und Trainings lernte ich, Menschen nicht im Überschwang zu verunsichern und aufzuhören, jedem einen „Eimer voll Informationen" überzustülpen. Ich lernte mehr zuzuhören, herauszufinden, welche Bedürfnisse potentielle Interessenten hatten und erfuhr wie viele Menschen sich ebenfalls nach Freiheit und Unabhängigkeit sehnten.

Ich arbeitete hart. Praktisch jede freie Minute zwischen zwei Behandlungen telefonierte ich, um zu einer Info einzuladen. Nach Praxisschluss hielt ich die Türe offen für Interessenten meines neuen Business. Ich zeigte die Produkte, erklärte deren Wirkungsweise und zeichnete Kreise, um den Vergütungsplan zu erklären. Auf dem Weg nach Hause, hörte ich Kassetten, um mein Know-how zu verbessern und mein Mindset auf ein höheres Level zu bringen.

Mein damaliger Mann beobachtete mich skeptisch. Er konnte aber nicht umhin, meine gesteigerte Energie wahrzunehmen, meinen Elan und meine Freude am kontinuierlichen Aufstieg in unserem Vergütungsplan. Und es kam Geld herein. Kontinuierlich mehr. Das war der Beweis, dass mein Plan aufging. Deshalb war er auch bereit, mich „laufen zu lassen".

Und auf einmal war ich „oben". Ich war Diamant, eine Führungsposition in diesem Unternehmen. Ich verdiente ein Vielfaches dessen, was ich in meiner Kosmetik- und Heilpraktiker-Praxis verdiente und beschloss kühn, diese zu verkaufen. Ich inserierte in der Beauty, einer Fachzeitung, informierte Kolleginnen und fand schließlich ein junges Mädchen, das mutig genug war, gleich nach Abschluss ihrer Kosmetikausbildung ein eigenes Studio zu eröffnen. Da sie den Kundenstamm mit übernehmen konnte und die Praxisräume groß genug waren, dass sie auch darin wohnen konnte, wurden wir uns einig über den Kauf. Sie bekam den ganzen Laden für einen „Appel und ein Ei", da ich meiner neuen örtlichen Unabhängigkeit entgegenfieberte und zum Abschluss kommen wollte. Ich hatte mir fest vorgenommen, diesen Lebensabschnitt komplett abzuschließen und verließ meine Praxis allein mit meiner Handtasche.

Meine Klienten konnten es nicht fassen. Es streichelte mein Ego sehr, dass viele meiner Kunden fragten, ob ich sie nicht privat weiterbehandeln könnte und bei manchen Frauen flossen sogar Tränen beim Abschied. Aber mein Plan wäre nicht umzusetzen, würde ich mit einem Bein in der Vergangenheit stehen bleiben. Ich wollte hoch hinaus und war bereit, dafür alles Notwendige zu tun. Freundinnen empfahlen mir, doch mit einer meiner Kosmetikliegen zu Hause ein kleines Studio einzurichten, nur für den Fall, dass mein neues Projekt nicht so gut laufen würde, wie geplant. Ja, der Gedanke war verlockend, da ich diese Arbeit ja auch liebte und ausreichend Platz wäre im Haus auch vorhanden, sogar mit einem Gäste-Bad im Anschluss. Aber ich ließ diese Idee fallen, weil ich mich mit Haut und Haaren meiner neuen Karriere verschrieben hatte und alles auf eine Karte setzen wollte. Mein Entschluss stand fest: ich würde „es" schaffen und auch nicht einen Gedanken an eventuelles Scheitern verschwenden.

Mut gehört dazu

Heute erkenne ich im Rückblick, dass ich deshalb so großen Erfolg hatte, weil ich so klar mein Ziel steckte, bereit war, alles zu tun, was es brauchte und hinter mir „alle Schiffe zu verbrennen"! Dazu gehörte die Bereitschaft, alte, hinderliche Glaubenssätze aufzuspüren, loszulassen und mit neuen, förderlichen Gedanken zu ersetzen. Mein Mindset bedurfte einer Runderneuerung! Meine Erziehung im Internat der Klosterschwestern der Englischen Fräulein hatte mich bis in die letzte Zelle mit begrenzenden Mustern geimpft. Ich verinnerlichte, dass Bescheidenheit eine Zier ist, alles Weltliche verwerflich und dass leichter ein Kamel durch ein Nadelöhr gehe, als ein Reicher in den Himmel komme. Welch eine Fehlinterpretation dieses allbekannten Bibelverses! So war es kein Wunder, dass mein Erfolgsstreben stets mit schlechtem Gewissen verbunden war und ich mir selbst immer wieder Steine in den Weg legte. Ich verfügte über ein gut funktionierendes Sabotage-Programm! Denn Erfolg musste wenigstens hart erarbeitet werden und durfte auf keinen Fall leicht erreicht werden. Dazu kam die Erfahrung meiner Kindheit, dass Geld schwer zu verdienen war und dass über große Summen sowieso nur die Reichen verfügten, „die Bonzen"! Wir lebten in einem kleinen Häuschen an einem Sonnenhang in Nonn, außerhalb der Stadt Bad Reichenhall. Ich liebte es, im angrenzenden Wald zu spielen, mit Kito, meinem Hund im weitläufigen Garten herumzutollen, Wiesenblumen zu pflücken, oder im Winter direkt vor dem Haus Schlitten fahren zu können. Mein Vater hatte mir ein Baumhaus gebaut, in dem ich sommers schlief und damit mein eigenes Zimmer hatte. Ein wahrgewordener Märchentraum für mich, wofür ich meinem Vater ewig dankbar bin. Als das Haus allerdings verkauft werden sollte, hatten meine Eltern die dafür nötigen Mittel nicht und wir mussten unser „Häusl" verlassen. Aus der Traum! Wegen 30.000 DM! Diese „Vertreibung" aus unserem geliebten zu Hause, für mich war es das Paradies, steckte tief in meiner zarten Mädchenseele. Ich hatte es begriffen: wir gehörten zu denen, deren Hemd zu kurz ist! Die „es" einfach nicht drauf hatten! Wir würden bestimmt in den Himmel kommen! Nur bis das eintreffen würde, würde ich hart arbeiten, dass mir und meinen Kindern ein solches Schicksal erspart bleiben würde. Mein sturer Steinbock-Schädel würde mir helfen, das Unerreichbare zu erreichen!

Mein Team wuchs, genauso wie meine Fähigkeiten. Ich mochte die Menschen und investierte mich in sie. Ich war zur Stelle, wann immer sie mich brauchten, telefonierte, bot Treffen in meinen Räumen an und fuhr mindestens wöchentlich zu Hotel-Meetings.

Eine große Belohnung war für mich meine Diamant-Feier in London, in Räumen der Tower-Bridge. Ich sollte eine kleine Rede halten in Englisch, da internationales Publikum zugegen war. Ich war schon gewohnt vor Publikum zu sprechen, aber mein Englisch war noch bei weitem nicht so gut, um eine Rede zu halten, noch dazu spontan und aus dem Stegreif. Ich stellte mich der Herausforderung und sagte: „Dare to make mistakes!" Das war meine Botschaft: „Getraue dich, Fehler zu machen!" Ich war erstaunt über den Applaus, aber man sagte mir, dass es genau diese Botschaft sei, die sich

Networker zu Herzen nehmen müssten. Oh ja, ich hatte heftige Schnitzer gemacht! Ich habe von Team-Partnern zu viel verlangt, manche hatte ich zu lange „getragen" und bei wieder anderen erkannte ich deren Potential nicht. Ich durfte lernen, dass jeder seine eigene Herangehensweise hat und ich nicht allen meine „wilde Art" überstülpe und nicht versuchen sollte, einer Katze das Bellen beizubringen! Wichtig war nur, aus den Fehlern zu lernen und sie nach Möglichkeit nicht zu wiederholen.

Meine Welt wird weit

Mein erstes großes Incentive war eine Reise nach Hawaii. Oh, wie weit und groß wurde meine Welt, schillernd, blingbling. Ein erster Stopp war in Australien. Sydney begeisterte mich, unter anderem deshalb, weil ich mich in dieser Stadt kaum verlaufen konnte, so quadratisch mit dem Lineal gezogen waren die Straßen, jedenfalls dort, wo unser Hotel stand. Ich entdeckte ein Geschäft, „The Cashmere-House", in dessen weitläufigen Räumen es Hunderte von Kaschmir-Schals in allen Farben gab. Ein Eldorado für mich. Ich kaufte ein! Oh, ich genoss das Gefühl, genügend Geld zu haben. Heute noch erinnern mich große Tücher, flauschige Schals und eine Stola an diesen Einkaufs-Trip. Es war ein sehr besonderes Erlebnis für mich, einfach dieser Lust zu frönen Dinge zu kaufen, weil sie schön waren, nicht, weil ich sie brauchte.

Hawaii war so besonders und aufregend, wie ich es mir immer vorgestellt hatte. Wir wurden vom Flughafen mit einem großen Bus abgeholt. Beim Einsteigen wurden uns Ketten aus duftenden Blüten umgehängt und jeder einzelne mit „Aloha" und einer kleinen Verbeugung begrüßt. Dieses zauberhafte Ritual versetzte mich spontan in diese, für mich neue und fremdartige, Welt. Ich war begeistert!

Ausgelassen stürmten wir noch am ersten Abend an den Strand und stürzten uns in die Fluten. Allerdings büßte ich diese Unbedachtheit, denn das Meer war wilder als gedacht und ich schluckte viel Wasser und sogar Sand und kam prustend, wild um mich schlagend und erschrocken wieder an den

Strand. In Zukunft würde ich etwas vorsichtiger sein auf mir unbekanntem Terrain.

Aber am nächsten Tag war der Vorfall schnell vergessen, denn wir wurden rundherum verwöhnt mit köstlichstem Essen, zauberhafter Musik und großzügigen Geschenken. Und wie es für viele Frauen typisch ist, sich eine neue Frisur zuzulegen bei einem einschneidenden Ereignis, ging ich zum nächsten, an der Rezeption empfohlenen, Friseur und ließ mir die Haare rappelkurz schneiden.

Die Zeit auf Hawaii beflügelte mein Geschäft. Wieder zu Hause angekommen konnte ich so wunderbare Geschichten von meiner Reise erzählen, dass meine Teampartner ihre Visionen vergrößerten und ebenfalls in den Genuss dieser Abenteuer kommen wollten. Mein Terminkalender war also gut gefüllt, ich unterstützte meine Team-Partner wo ich konnte und erfreute mich an dem Erfolg der Spitzenleute in meinem Team.

Selbst den Diamant-Status in meinem Unternehmen zu erreichen, war schon ein großartiges Gefühl. Jedoch noch aufregender und beglückender war es, meinem ersten Diamant-Paar zu gratulieren. Selbst stand ich immer gerne auf der Bühne. Ich genoss die Aufmerksamkeit, den Applaus, das Wohlwollen der Menschen und die Anerkennung für meinen Erfolg. Nun aber die Bühne meinen Führungskräften zu überlassen war einfach nur magisch. Ich freute mich so sehr, dass ich gar nicht mehr aufhören konnte, zu jubeln, zu klatschen und Gratulationen auszusprechen. Denn mit dem großen Erfolg des Diamant-Paares waren viele Ränge erreicht worden von Partnern aus deren Team. Das ist der Zauber und die Magie im Networkmarketing: Der eigene Erfolg ist nur möglich durch den Erfolg „Deiner Menschen" im Team. Win-Win in reinster Form.

Und dass hier jeder die Möglichkeit hat, eine Führungsposition zu erreichen, ist überhaupt ein echtes Geschenk. Natürlich braucht es Einsatz, Erfolgswillen, Fleiß, die Bereitschaft zu folgen und zu lernen und nicht jedermann ist dazu bereit. Aber es ist möglich! In einem großen Wirtschafts-Unternehmen sich vom „Fließband-Arbeiter" zum Vorstandsvorsitzenden hochzuarbeiten ist jedoch eher nicht möglich, oder als amerikanischer Traum eine große Ausnahme.

Aber auch Gefahren birgt der große Erfolg. Ich verdiente so viel Geld, dass ich mir jedes Mal, wenn ich geschäftlich verreiste, etwas gönnte. Am Flughafen lockten die exklusiven Geschäfte mit Aigner, Gucci, Hermes usw. und ich hatte das erste Mal in meinem Leben keinerlei Geldsorgen. Ganz im Gegenteil: ich lebte im Überfluss! Da durfte es schon eine Aigner-Tasche für 800 DM sein, oder ein Hermes-Tuch für 500 DM oder mehr. Da ich wirklich viel arbeitete und kaum in die Stadt kam, war der Flughafen für mich das Shopping-Paradies.

Da ich auch viel spendete, um mit meinem Überfluss nicht so privilegierten Menschen etwas abzugeben, hatte ich kein schlechtes Gewissen, mich einmal so richtig zu verwöhnen.

Das war auch nicht wirklich das Problem. Als ich aber arrogant wurde, fand ich mich selbst abscheulich. Ich sah eine

Aigner-Tasche im Schaufenster, die ich mir dieses Mal kaufen wollte, ging ins Geschäft und bat die Verkäuferin, mir diese Tasche aus dem Fenster zu geben. Sie reichte mir die Tasche und nannte mir den Preis, worauf ich antwortete: „Ich wollte die Tasche kaufen und nicht den Preis wissen!" Verschnupft packte mir die Verkäuferin die Tasche ein und schon als ich aus dem Geschäft trat, tat es mir leid. Nein, so wollte ich nicht sein! Gott sei Dank bemerkte ich rechtzeitig, dass ich dabei war, eine ekelhafte Zicke zu werden und veränderte sofort nach diesem Vorfall meine Haltung.

Tiefe Dankbarkeit entsprach in Wirklichkeit viel mehr meinem Naturell, denn ich hatte nie vergessen, wo ich herkam. In meinem Elternhaus gab es zwar immer genug zu essen, wobei ich selbst das nicht ganz nachvollziehen kann, wie mein Vater das geschafft hat. Es war immer ein Kampf, Rechnungen zu bezahlen und der Haussegen hing genau deshalb öfters schief. Sich wirklich etwas zu leisten, was nicht unbedingt lebensnotwendig war, kam zeitweise gar nicht in Frage und wenn, waren es „kleine Genüsse" wie ein Kinobesuch oder Café und Kuchen beim „Café Spieldiener".

Alter Traum neu aufgelegt

Jedoch nicht nur der Überfluss an Geld war neu für mich. Auch die örtliche Unabhängigkeit war besonders reizvoll. Endlich konnte ich mir vorstellen, meinem Wunschtraum zu folgen, nach Italien zu ziehen. Ich blätterte in bunten Prospekten, las Reiseberichte und sammelte alle möglichen Informationen zu meinem Lieblingsland Italien. Auch meine Italienisch Kenntnisse besserte ich mit Kursen auf und ich träumte von Sandstränden und schnuckeligen Gassen, breiten Promenaden, Spaghetti und Vino Rosso vom Feinsten. Bella Italia eben!

Als ich mich immer häufiger mit meinem Vater und Freundinnen darüber austauschte, kristallisierte sich allerdings heraus, dass ich für Bella Italia eigentlich zu feige war. Zu groß wäre der Kulturschock und zu viele Abstriche von Bekanntem und Liebgewonnenem müsste ich machen. Also kam ich auf Südtirol. Das wäre auch noch in ein paar Stunden von München aus erreichbar, so dass mich meine Freunde auch besuchen kommen würden und ich öfter mal eben nach München düsen könnte. Hier würde ich auch meiner Leidenschaft, dem Wandern, frönen und meine beiden Hunde wären froh, wenn es sommers nicht so wahnsinnig heiß sein würde. Die deftige Küche liebte ich ebenfalls und Spaghetti und Vino Rosso würde ich auch hier bekommen. Und man sprach Deutsch, was mir zusätzlich das Gefühl von Sicherheit gab und trotzdem würde ich mein Italienisch „ausführen" können.

Wer nicht an Wunder glaubt ...

An einem wunderschönen Oktobertag fuhr ich mit meinem Vater nach Brixen, um mir dort zur Vermietung stehende Wohnungen und Häuser anzuschauen.

Wir gingen außerhalb von Brixen in Nats in einem Wirtshaus essen und fragten den Wirt, ob er etwas wisse, wo ein Haus oder eine Wohnung zu mieten wäre. Wir dachten, es sei das einfachste, erst einmal die Einheimischen zu befragen. Wir erfuhren große Hilfsbereitschaft. Wir sollten ein bisschen warten, dann würde man jemanden anrufen, der etwas zu vermieten habe. Nach einer Brotzeit und einem süffigen Bier harrten wir gestärkt der Dinge, die da kommen sollten. Es betrat ein Mann die Gaststube, der wohl eben aus dem Stall gekommen war, denn der Stallgeruch war deutlich wahrnehmbar bis zu unserem Tisch herüber. Nach der wortreichen Begrüßung in reinstem Südtiroler Dialekt, wovon wir kaum etwas verstanden, kam der Bauer direkt zu uns , setzte sich neben mich und erzählte uns begeistert von seinem Holzhaus, welches gerade leer stünde und er es uns gerne zeigen würde. In meinen Ohren klang das einfach wunderbar. Denn genau das war meine Vorstellung: in vollkommener Ruhe, mitten auf dem Land, in schönster Natur, mit meinen Hunden und Katzen zu leben, ab und zu in die nahe gelegene Stadt Brixen zu fahren und mir hier ein neues Leben aufzubauen. Dafür nahm ich gerne den intensiven „Duft" nach Tier und Natur in Kauf.

Wir könnten gleich mit ihm mitfahren, dann würde er uns alles zeigen. Das wollten wir nur zu gerne tun. Allerdings erstaunte es uns dann doch, dass wir mit ihm im Traktor mitfahren sollten. Wir boten ihm an, mit unserem Van zu fahren und ihn hierher zurück zu bringen. So machten wir es und nach ca. einer viertel Stunde Fahrt standen wir vor einer Hütte, die in keinem guten Zustand war. DAS sollte das zur Vermietung stehende Holzhaus sein? Genau das war die Vorstellung unseres charmanten, duftenden Begleiters. Man könne da schon noch einiges richten, was ja kein Problem sei. Aber die Grundsubstanz sei gut, elektrisches Licht und fließendes Wasser gäbe es ja, und ein funktionierender Holzofen würde das ganze Haus beheizen. Puh! Da hatte ich wohl andere Vorstellungen gehabt. Die Lage war zauberhaft! Blick übers weite Land, ringsum Wiesen, Obstbäume und ein etwas verwilderter Bauerngarten entzückten mich. Nur die Vorstellung, diese Bruchbude mit meinen antiken Möbeln einzurichten, war grotesk.

Wir erklärten, dass es wohl eher nicht in Frage käme, was Seppi, wie wir inzwischen wussten, nicht verstehen konnte. Wir fuhren zurück zur Gaststätte, bedankten uns mit einem Frei-Bier bei Seppi und dem Wirt und fuhren Richtung Brixen. Den Stallgeruch würden wir noch länger im Auto haben, was uns zu einem spontanen Lachanfall veranlasste, als wir außer Sichtweite waren.

Noch einen Tipp verfolgten wir und fuhren in ein weiteres Bergdorf, wo eine Wohnung in einem Bauernhaus frei sei. Eine aufgeschlossene, sympathische Frau zeigte uns die Wohnung, die in einem „Zuhäusel", einem kleinen Häuschen nahe dem Haupthaus lag. Die Ruhe, die weiten umliegenden Felder und der atemberaubende Bergblick begeisterten mich. Allerdings war dann das Problem, dass ich zwei Hunde mitbringen würde, was der Hausherr, der Bauer, nicht wollte, denn er fürchtete, dass seine Tiere, Schafe, Kühe, Hühner, und Enten von den Hunden gejagt würden. Ich wusste natürlich, dass das meine Hunde niemals tun würden, da ich Shapendoes, holländische Hirtenhunde hatte, die zwar die Schafe zusammentreiben, aber nicht jagen würden. Der Bauer meinte, dass Hundebesitzer immer zwei Sätze sagen würden: „Der Hund tut nichts!" und „Oh, das hat er noch nie getan!" Ich musste lachen und wir verabschiedeten uns mit einem lachenden und einem weinenden Auge von den sympathischen Bauersleuten.

In Brixen bummelten wir über die Adler-Brücke zum Domplatz und standen plötzlich vor einem großen Schild eines Immobilienmaklers, der sein Domizil direkt neben dem Brixner Dom hatte. Nun, vielleicht war das ein Zeichen, doch den konventionellen Weg über einen Makler zu gehen, um ein Haus oder eine Wohnung hier im Umkreis von Brixen zu finden.

Eine erstaunliche Begegnung

Wir fanden das Namensschild an der schweren, alten Holztür des hochherrschaftlichen Hauses mit Türmchen und Zinnen. Wir beschlossen, einfach einen Versuch zu wagen, obwohl wir keinen Termin und noch nicht einmal eine richtige Vorstellung hatten, von dem, was genau wir suchten.

Nachdem wir geklingelt hatten, ertönte der Summer als Sesam öffne Dich, die schwere Holztür schwang auf und wir standen in einem herrschaftlichen Eingang mit breiter Holztreppe, die zur Immobilien-Kanzlei führte. Das leise Knarren der geölten Holz-Stufen deutete auf die lange Geschichte dieses, einer Burg ähnlichen Gebäudes. Oben angekommen war die Überraschung perfekt: Ein Künstlertyp erwartete uns, mit perfekt gestyltem Outfit, einem modischen Designer Anzug, langem, gepflegtem Haar, auf Hochglanz polierten, spitzen Schuhen und einem breiten Lächeln, das eine Reihe blitzweißer Zähne offenbarte.

Ich starrte irritiert auf diese außergewöhnliche Erscheinung von einem Bild von einem Mann, und erst seine amüsierte Frage, ob er uns irgendwie helfen könne, brachte mich zur Besinnung. Ich glaube, dass ich stammelte, als ich uns vorstellte und unser Anliegen vorbrachte. Ich bin normalerweise eloquent und nie um Worte verlegen, aber die Begegnung mit diesem besonderen Herrn verschlug mir den Atem. Ich nahm wahr, dass es meinem Vater ähnlich erging. Er rechnete wohl schon in Gedanken nach, wie teuer eine Dienstleistung einer solch exquisiten Kanzlei sein würde. Ich jedenfalls tat es.

Aber nun waren wir schon einmal hier gelandet und nun würde ich die Besonderheit dieses Augenblicks auch voll auskosten. Schließlich war ich schauspielerisch geschult und konnte mich auf dieses Spiel einlassen. Allerdings war auch der Raum, in den wir geführt wurden, phänomenal in seinem Ausmaß genauso wie in seiner Ausstattung. So eine Gelegenheit, einen solch außergewöhnlichen Raum zu betreten, bekam man schließlich nicht jeden Tag.

Charmanterweise und wohl auch Bewunderung gewohnt, bekamen wir die Einladung, uns doch erst einmal umzusehen, um richtig anzukommen. Wie aufmerksam! Ich nahm das Angebot an und fragte, ob ich mich im Raum umsehen dürfe, was mir großzügig erlaubt wurde, mit den Worten: „Sie dürfen nicht nur, sie müssen!" Darauf folgte eine Erzählung der Geschichte dieses Hauses, die ich wieder vergessen habe. Was ich niemals vergessen werde ist der Eindruck, den diese sehr spezielle Einrichtung auf mich machte. Ich war bezaubert von dieser gelungenen Mischung von Antik, modern und richtig ausgefallenen Ideen, die zwar auffallend, aber harmonisch in diesem weitläufigen Raum umgesetzt waren. Als besonders faszinierendes und witziges Beispiel blieb mir der Schrank in Erinnerung, dessen Türen der Eingang zur Toilette waren. „Unser" Makler hatte wohl nicht nur ein Händchen im Immobilienmarkt, denn das ganze Ambiente atmete Erfolg, sondern auch eine besondere Leidenschaft für Inneneinrichtung, sowie eine große Kreativität.

Ich hatte mit mir zu tun, mich nicht klein und unbedeutend zu fühlen, angesichts dieser, antiken, teilweise kostbaren Raritäten, sowie diesem außergewöhnlichen Menschen, der mutig seine Ideen umzusetzen verstand, sei es im Einrichtungsstil, oder seiner Kleidungsauswahl.

Als wir uns gesetzt hatten und unser Anliegen vorbrachten, erklärte uns Herr F. dass es völlig unüblich sei in Südtirol, ein Haus anzumieten. Normalerweise waren alle Häuser Eigentum und meist von Generation zu Generation weitergegeben. Und so konnte es kein Zufall sein, dass er ausgerechnet ein Holzhaus anbieten konnte, allerdings auf 1.000 Metern Höhe in St. Andrä, oberhalb von Brixen, am Fuß der Plose, ein vom Wintersport und Wandern bekannter Berg. Außerdem gibt es ein über die Grenzen hinaus berühmtes Plose-Wasser.

Ich war begeistert! Von Anfang an empfand ich unseren Ausflug nach Südtirol, um ein neues Zuhause für mich zu finden, gesegnet und geführt. Auf tausend Metern Höhe, in einem kleinen Dorf zu leben war von Anfang an mein Wunsch gewesen. Auch die Geschichte hinter diesem, zur Vermietung stehenden Holzhauses war sehr besonders.

Er würde auch gleich einen Besichtigungstermin für uns vereinbaren und war bereit, dies schon für den kommenden Tag zu arrangieren.

Die Nacht verbrachten wir in Nats in einer Pension, mit einer liebenswerten Wirtin, die uns abends noch mit Speck und Rotwein verwöhnte und mit kleinen Geschichten aus der Region unterhielt. Trotz all der Aufregung schlief ich tief und fest, träumte von teuren Villen, ehrwürdigen Schlössern und von stattlichen Männern. Am nächsten Morgen, nach einem üppigen Frühstück und einem kleinen Spaziergang in den Obstgärten von Nats, war es dann soweit. Wir trafen uns auf dem Domplatz mit dem Immobilienmakler, der die Eigentümerin des Holzhauses in Sankt Andrä gewinnen konnte, gleich mitzufahren, da wir nicht so lange hier in Brixen sein würden.

Die Fahrt nach St. Andrä war relativ kurz, gerade geeignet für die Vermieterin sich ein Bild von mir zu machen und zu erfragen, was mich bewog, nach Südtirol „auswandern" zu wollen. Ich erzählte ihr von meiner schon lange währenden Leidenschaft für Italien, für die Natur und meine Sehnsucht nach Ruhe. Dass Südtirol wenig mit Italien verglichen werden wollte, sollte ich noch früh genug erfahren.

Mehr Villa als Holzhaus

Meine Vorstellung wurde weit übertroffen! Ich stellte mir ein Holz-Häuschen vor. Ein kleines Häuschen, mit kleinem Bauerngärtchen davor. Kleine Fenster mit rot-weiß karierten Vorhängen. Eine Bank vor dem Haus auf der ich mit einer Katze auf dem Schoß sitzen würde. Jedoch fuhren wir in eine breite Einfahrt mit Doppelgarage, an deren Seite sich ein richtig großes Haus zeigte, mit großem Fenster im ersten Stock, einem ausladenden Balkon, der auf einer Seite direkt in den Garten mündete, der sich um das Haus schmiegte. Eine geschwungene Steintreppe führte von der Einfahrt nach oben in den Garten. Es war so einladend, der Garten so charmant angelegt. Und ja, eine Bank gab es auch: diese stand unter einer riesigen, wunderschön gewachsenen Tanne. Ich war entzückt! Der Blick schweifte über das Brixener Tal und auf die schroffen Gipfel der Berge gegenüber. Wie sehr ich diese Berge schon jetzt liebte! Ja, hier würde ich leben wollen.

Da das Haus an den Hang gebaut war, gab es verschiedene Ebenen, die dem Anwesen diesen besonderen Charakter verlieh. Durch die Doppelgarage, deren Tor sich durch Knopfdruck öffnen ließ, kam man ins Haus und in weitläufige Kellerräume. Überall an den Wänden waren Regale angebracht sowie eine Ski-Schuh-Heizung. Durch eine Tür ging es zu einer Sauna und einer Sonnenbank. Und im hinteren Raum wäre Platz für ein komplettes Sportstudio.

Über eine Steintreppe erreichten wir das Obergeschoß. Auch hier alles einladend und charmant aufgeteilt. Ein Kachelofen, sowie ein Holztisch mit Eckbank, gab dem Raum eine bäuerliche Note. Mit einem Wort: Ein Wohl-fühl-Haus! Meine Begeisterung erfreute die Eigentümerin und wir waren uns schnell einig, dass ich den Mietvertrag bekommen würde. Sie vertraute dem Immobilienmakler, der ihr versicherte, ich sei die richtige Mieterin. Diesen Eindruck hatte er wohl nach unserem Gespräch über meinen beruflichen Werdegang und ich war ein weiteres Mal froh, dass ich finanziell und örtlich frei war, dank meines Networkmarketing-Geschäftes.

Mein Vater war ebenfalls begeistert von der Lage über Brixen mit Blick weit ins Land und auf die Berge. Er meinte nur, mir sei das Haus ja viel zu groß, da ich alleine darin leben würde. Nun ja, mit meinen zwei Hundemädchen und zwei Miezekatzen. Aber da ich auch im Chiemgau großzügig wohnte, war ich absolut der Meinung, dass ich dieses weitläufige Haus schon mit Leben füllen würde.

Auf der Heimfahrt besprachen wir nochmal all die „Zufälle", die uns auf dieser verrückten Aktion, an einem Wochenende in Südtirol ein neues zu Hause für mich zu finden, widerfahren sind. Wir haben uns auf all die sonderbaren Begegnungen eingelassen und sind belohnt worden. Ich hatte zwar auch gemischte Gefühle, jetzt, da mein Vorhaben sich in eine Tatsache verwandelt hatte, aber ich wollte mich jetzt nicht verrückt machen. Alles würde sich weiterhin fügen, so wie alles gut begonnen hat.

In meinem Haus in Aschau im Chiemgau angekommen, tat allerdings mein Herz schon weh. Ich wohnte ja ganz zauberhaft hier in meiner „toskanischen Villa" mit riesigem Garten, durch den der Schafelbach fließt. Ich hatte mich wirklich besonders eingerichtet, mit offener Modul-Küche, weitläufigem Wohnzimmer mit Decken-hohen Bildern, einem weißen Kamin und meinem antiken Klavier. Würde ich das alles unterbringen in St. Andrä, in „meinem Holzhaus"?

Aber ich wollte es unbedingt durchziehen. Seit Jahren träumte ich davon, nach Italien auszuwandern. Wenn ich es jetzt mit Fünfzig nicht schaffen würde, wenigstens nach Südtirol zu gehen, würde ich mich später ärgern und „mir ein Monogramm in den Hintern beißen", das wusste ich. Ich dachte an den Satz, den Elisabeth Kübler-Ross über Sterbende sagte: „Sie bereuen nicht, welche Fehler sie gemacht haben, sondern das, was sie NICHT umgesetzt haben." Elisabeth Kübler-Ross beschäftigte sich intensiv mit dem Sterben und was es Menschen leicht oder schwer macht, wenn es so weit ist, loszulassen. Und ich lernte von einem meiner großen Trainer die Idee kennen, vom Ende her das Geschehen in der Gegenwart zu beurteilen. Was werde ich dereinst auf dem Sterbebett wünschen sagen zu können, über diese Situation hier und heute? „I did it!" Nicht, dass ich feige war und gekniffen habe! Also würde ich es durchziehen, koste es, was es wolle!

Letztendlich war ich ja schon immer so unterwegs, etwas ganz oder gar nicht zu tun. Ich musste schon öfter in meinem Leben Mut beweisen und hatte es nie bereut, etwas gewagt zu haben. Und um etwas Neues in meinem Leben zu erfahren, musste ich etwas Altes gehen lassen und das war auch meist mit Abschieds-Schmerz verbunden. Ich war bereit.

Meine Team-Partner müssen erwachsen werden

Allerdings gab es noch ein paar unerwartete Diskussionen mit Partnern aus meinem Team, die es gar nicht toll fanden, dass ich nicht mehr die wöchentlichen Geschäfts-Präsentationen halten würde. Auch da gab es einen Abschiedsschmerz. Die Bequemlichkeit aufzugeben und selbst ins Rampenlicht zu treten, war erst einmal unvorstellbar für manche Team-Partner. Aber ich wusste, dass es eine Chance für sie war, selbst zu wachsen und Verantwortung zu übernehmen. Sie hatten die Präsentationen und Schulungen so oft erlebt, sie konnten sie sehr wohl selbst durchführen, sobald sie es sich auch selbst zutrauten. Natürlich würde ich alles mit ihnen üben, bis sie sich sicher fühlten. Und außerdem wanderte ich ja nicht nach Australien aus. Südtirol war in ca. drei Stunden Autofahrt erreichbar und ich würde des Öfteren nach München kommen, was mich selbst ja auch sehr beruhigte.

Aber genau das war ja einer der wundervollen Vorteile des Network Marketings, örtlich frei und ungebunden zu sein, von überall aus arbeiten zu können und für mich war es die Chance, nun auch auf dem italienischen Markt tätig zu werden, was meinen Erfolg auf eine breitere Basis stellen würde.

Heute kommt ja noch der Vorteil der modernen Technik dazu, womit wir auch über größere Entfernungen via Skype, Google-Zoom oder Telefonkonferenzen verbunden sein können und das meist noch zum Nulltarif! In einem Zoom-Call treffen sich Menschen, obwohl Kilometer weit voneinander entfernt, wie in einem gemeinsamen Wohnzimmer. Das eröffnet uns als Network-Marketer einen riesen großen Markt mit ungeahnten Möglichkeiten. Zumal die Menschen immer mehr gewohnt sind, sich in Facebook, Instagram oder anderen Sozialen Medien zu zeigen und virtuell auszutauschen. Es gehört zum Wachstum dazu, liebgewonnene Pfade zu verlassen und sich auf neue, modernere Wege zu begeben. Da stimmt diese Binsenweisheit: „Wer nicht mit der Zeit geht, geht mit der Zeit!" Ich war nicht gleich so begeistert von den Möglichkeiten, via Internet mein Business zu erweitern. Ich hatte gelernt, dass das Network ein Menschen-Business ist und man nur von Mensch zu Mensch das Geschäft vorstellen kann. Heute bin ich froh über all die jungen Kollegen, die mit dem Internet aufgewachsen sind und uns „alte Hasen" in die Geheimnisse der Technologien und deren Segen für unsere Unternehmen einweihen. Heute ist der Traum vom Internationalen Business leichter denn je zu verwirklichen. Allerdings sind das persönliche Kennenlernen, der Aufbau von echten, liebevollen Beziehungen und das Erleben von gemeinsamen Highlights natürlich auch heute noch das Sahnehäubchen. Der Kuschelfaktor ist nicht zu unterschätzen. Um tragfähige Teams zu bauen, die an einem Strang ziehen und ein gemeinsames Ziel verfolgen, bedarf es eines echten Zusammenhalts und Freude am Zusammenwirken. Gemeinsam auf einen Firmen-Event zu fahren, ist z. B. eine großartige Möglichkeit sich besser kennen zu lernen.

Es gibt kein Zurück mehr

Jetzt war es also soweit. Der LKW stand vor der Türe und ich war mehr als dankbar, so viele Helfer zu haben, die mit anpackten. Meine Freunde waren immer zu Stelle, wenn ich mal wieder umzog, was ich ungewöhnlich oft tat.

Ich packte eine Menge Kleinkram in den Kofferraum meines großen Vans. Die Hunde und Katzen würde ich später abholen, sie konnten noch bei einem Freund in Aschau bleiben.

Es schneite heftig, als sich der Konvoi aus LKW, meinem Van und dem Auto meines Ex-Mannes, der es sich nicht nehmen ließ mitzufahren, um in Südtirol auch beim Entladen zu helfen, in Richtung Bella Italia in Bewegung setzte.

Trotz Schneegestöber kamen wir wohl behalten abends in St. Andrä an. Die Straßen waren geräumt und gesalzen, so dass auch der LKW die steilen Serpentinen bis auf 1.000 Meter Höhe sicher bewältigte. Froh war ich allerdings schon, als wir angekommen waren. Ausladen würden wir erst am nächsten Tag, so dass wir erst einmal alle zum Chinesen in Milland unten zum Essen gingen. Es entbehrte ja nicht einiger Komik, dass wir in Italien beim Chinesen essen würden, aber dies war das Lokal, welches uns zuerst ins Auge stach.

Am nächsten Morgen, nach einer kalten Nacht auf provisorischen Lagern im Haus, luden wir den LKW aus und die Männer verteilten die Möbel und Umzugskartons auf die Zimmer, so wie ich es jeweils darauf vermerkt hatte.

Ich fuhr wieder die Serpentinen nach Milland hinunter zum Supermarkt, um eine stärkende Brotzeit zu besorgen. Der Unterschied im Warenangebot war deutlich: Es gab vielerlei verschiedenen Speck, Schüttelbrot, Pasta in allen Variationen und ein schier nicht zu überblickendes Angebot an Weinen, Grappa, Likören. Und da Weihnachten vor der Tür stand, auch Panettone, ein besonderer Kuchen, der nur zur Weihnachtszeit gegessen wurde, zu ganzen Türmen aufgebaut. Hier würde ich also in Zukunft einkaufen. Ein eigenartiges Gefühl überkam mich. Einerseits empfand ich große Vorfreude und andererseits hatte ich richtig Bammel vor all dem Neuen, Unbekannten. Würde ich mich hier einleben können? Würde ich hier Freunde finden? Würde ich hier erfolgreich sein? Viele Fragen schwirrten mir im Kopf herum und ich war froh, dass ich, wieder oben in St. Andrä angekommen, von der Geschäftigkeit des Einräumens gefangen genommen wurde und keine Zeit mehr hatte, Grübeleien nachzuhängen.

„Meine Männer" waren richtig engagiert, mich nicht mit Provisorien allein zurückzulassen. So hängten sie schon die Lampen auf, bauten Schränke, das Bett, das Bücherregal zusammen und stapelten Holz vor dem Kachelofen, das sie im angrenzenden Schuppen in der Holzlege fanden.

Aber dann, nach einem wortreichen Abschied mit vielen guten Wünschen und manchem guten Rat, stand ich allein in dem riesigen Haus. Ich lebte ja nun schon drei Jahre alleine in Aschau im Chiemgau, war das also gewohnt. Allerdings fühlte ich mich hier noch so fremd, einsam und verloren. Nach all dem Trubel des Umzugs war eine unheimliche Stille eingekehrt. Und bald war Weihnachten. Wie würde ich es erleben, den Heiligen Abend alleine zu verbringen? Es war allerdings mein ausdrücklicher Wunsch, dieses erste Weihnachtsfest alleine zu verbringen. Irgendwie wollte ich mir beweisen, dass ich das gut meistern würde.

Ich krempelte die Ärmel hoch und arbeitete mich durch die Umzugskartons und fing an, alles einzuräumen. Ich war froh, mich mit dieser Arbeit ablenken zu können, außerdem hatte ich den unbedingten Willen, alles bis HL. Abend fertig eingerichtet und wohnlich zu haben. Und dafür hatte ich ganze vier Tage Zeit.

Am Tag vor Heilig Abend, ich war schon ziemlich erschöpft von meiner hektischen Ein- und Aufräum-Aktion, traf ich am Gartenzaun eine Nachbarin, stellte mich als die neue Mieterin vor und fragte, wann am kommenden Tag die Weihnachtsmesse wäre. Sie sah mich verständnislos an und meinte, die Weihnachtsmesse sei erst in zwei Tagen, am 24. Dezember. Da fiel ich ihr um den Hals und bedankte mich für das größte Geschenk, das man überhaupt machen kann: Sie hatte mir einen ganzen Tag geschenkt. Ich hatte in der Hektik die Tage verwechselt und war schon fast fertig mit dem Auspacken und Einräumen. Nun konnte ich in Ruhe die Vorbereitungen genießen. Die Nachbarin reagierte allerdings etwas verstört auf meinen Gefühlsausbruch und so lernte ich meine erste Lektion, dass Südtiroler etwas Zeit brauchen, bis sie sich fremden Leuten öffnen.

Heiliger Abend allein in Südtirol

Mein Fokus ist auf die Botschaft von Weihnachten gerichtet. Nichts lenkt mich ab. Weihnachten pur! „Ein Kind ist uns geboren, ein Sohn ist uns geschenkt." Jesus Christus kam auf die Welt, um uns die Friedensbotschaft zu bringen. Zu Weihnachten ist Waffenstillstand, selbst auf den Kriegsschauplätzen der Welt. Ich fühle echte Weihnachtsfreude und kann es genießen, allein zu sein. Ich hatte es noch nie erlebt, einen Heiligen Abend alleine zu verbringen und hatte auch immer Respekt davor, denn immer wieder hörte ich von einsamen Menschen, die sich gerade an Weihnachten so verloren fühlten. Jetzt erkenne ich, dass ich selbst „voll" bin, voller Vertrauen, voller Liebe, voller Zuversicht und deshalb nichts von außen benötige, um mich ganz zu fühlen. Und ja, ich bin voller Freude auch über mein neues Zuhause, das bereits jetzt fertig eingerichtet war, hübsch dekoriert für mich ganz alleine. Und dann war ich ja auch nicht einsam: Trixi, meine „Tigerin" schnurrt auf meinem Schoß, Sumi, die Katze, die jeden Schönheitswettbewerb gewonnen hätte und das auch weiß, hat es sich auf der Ofenbank bequem gemacht und meine beiden Hundemädchen, Roxy und ihre Tochter Allissa, liegen zu meinen Füßen auf ihrem Schaffell. Jetzt war ich wirklich froh darüber, dass ich meine Hausgenossen noch vor Weihnachten zu mir geholt hatte.

Alltag in Südtirol

Aber auch hier kehrte der Alltag ein und damit neue Herausforderungen. Die Anmeldung meines Network-Marketing-Gewerbes war nicht so einfach, wie in Deutschland. Ein Konto musste eingerichtet werden, ich brauchte einen Internet- und Telefon-Anschluss, die Hunde mussten hier angemeldet werden und so banale Fragen: „Wohin mit den leeren Hundefutter-Dosen? Wo bekomme ich Holz her und wer wird mir helfen, es im Schuppen aufzustapeln?" konnte ich mir noch nicht beantworten. In der Holzlege war nicht mehr genügend Holz, um den Winter zu überstehen und ohne Internetanschluss konnte ich auch nicht Tante Google fragen, wo ich all das Benötigte finden würde.

Gott sei Dank hatte die Vermieterin mir die Telefon Nummer von ihrer Haushaltshilfe gegeben. Sie würde mir helfen, die alltäglichen Dinge auf die Reihe zu bekommen.

Lisa kam zu mir und wir waren uns sofort sympathisch. Wir hatten ungefähr das gleiche Alter und sie war schon von meiner Vermieterin vorgewarnt worden, dass „eine Frau von draußen" wie Deutsche hier genannt wurden, ganz alleine das ganze Haus mieten würde, was hier erst einmal seltsam anmutete. Ich war glücklich, dass Lisa mir ihre Hilfe zusagte und mich gerne unterstützen wollte, alles Wichtige zu finden. Was aber noch viel wichtiger war, sie zeigte mir, wie ich den Ofen in der Küche, der gleichzeitig das Wohnzimmer auf der anderen Seite heizte, zum Brennen brachte. Er habe einen schlechten Zug, deshalb sei es nicht so einfach, ein beständiges Feuer zu bekommen, was aber absolut notwendig war, um es im Haus überhaupt aushalten zu können. Hier gab es keine normale Heizung, wie ich es gewohnt war; im Gegenteil, hier war eine Ofenheizung, die mit Holz befeuert wurde, normal. Es würde eine meiner größten Herausforderungen sein, es wohnlich warm im Haus zu haben. Wobei es gar nicht vorgesehen war, das ganze Haus zu wärmen. Der Gang, die Gäste-Toilette, die hier Tages-WC genannt wurde und der Vorratsraum, würden immer kalt sein. Im Bad gab es einen Heizstrahler, der rechtzeitig eingeschaltet, leidlich den Raum anwärmte.

Meine größte Freude war es, die Wanderwege zu erkunden. Hier konnte ich mit meinen Hunden spazieren gehen, so weit die Füße trugen und jeden Tag einen neuen Weg wählen. Ich verschob das Abarbeiten meiner To-do-Liste auf den Januar nach den Feiertagen und genoss die klare Luft, die Waldwege, die Höhenwege und das Kennenlernen der umliegenden Dörfer.

Die Kehrseite meines Traums

Mein Leben in Südtirol gestaltete sich in einem Spannungsfeld von unbändiger Freude, meinem Traum nachgegangen zu sein und den täglichen Herausforderungen, die das Wohnen in einem Holzhaus auf 1.000 Metern Höhe mit sich brachte. Ich hatte in meinem ganzen Leben noch nie so viel gefroren, wie hier. Morgens aus dem warmen Bett zu steigen erforderte echte Willenskraft. Erst wenn der Ofen angeheizt war und im Bad eine Zeit lang die Strahler brannten, war es erträglich und ich konnte mich für den Tag zurechtmachen. Und dass ich mich einsam fühlen könnte, damit hatte ich gar nicht gerechnet. Und doch, hier quälten mich richtiggehende Einsamkeits-Gefühle. Es war nicht einfach, Freundschaften zu schließen, wie ich es in Bayern gewohnt war. Die Menschen hier waren zwar freundlich, aber es kam kaum zu einem verbindlicheren Austausch. Wie froh war ich, dass Lisa da eine Ausnahme bildete: Sie lud mich zu sich nach Hause zum Essen ein, kam auf einen Kaffee zu mir und schlug vor, einmal gemeinsam einen Einkaufsbummel zu machen. Ihr Mann half mir bei allen handwerklichen Arbeiten, das gelieferte Holz im Schuppen zu stapeln und war zur Stelle, wenn etwas repariert werden musste. Diese Familie hat mich mehrfach gerettet. Zum Beispiel als ich einen Hexenschuss hatte und mich nicht mehr rühren konnte. Sie übernahmen dann einfach stillschweigend die Versorgung meiner Haustiere, brachten mir Essen und fuhren mich zum Arzt nach Milland. Euch beiden bin ich ewig dankbar!

Ich fuhr gerne nach Bozen, um mehr italienisches Flair zu erleben, mich italienisch unterhalten zu können und einfach das Gefühl zu haben, in Italien zu leben. Bozen bezauberte mich mit italienischen Cafés, der belebten Piazza und dem Mercato, wo es schön südländisch zuging: laut, bunt lebensfroh.

Auch in Brixen herumzustrolchen begeisterte mich. Immer wieder dachte ich, wie privilegiert ich bin, hier zu wohnen, wo andere Urlaub machten. Der Domplatz besticht durch seine Weite, dem mächtigen Brixner Dom und der Stadtpfarrkirche St. Michael gleich daneben. Gesäumt ist die Piazza von Cafés, Restaurants und kleinen Geschäften und natürlich „meiner" Immobilienkanzlei. Von hier aus gelangt man in die absolut sehenswerten Laubengänge mit alter, ehrwürdiger Bausubstanz, mit Geschäften, die meist der Architektur der Lauben angepasst sind. Allerdings gibt es auch ein paar moderne Läden, die so gar nicht in dieses ehrwürdige Ambiente passen, aber wohl inzwischen einfach dazugehören.

Akquise auf unbekanntem Terrain

Obwohl ich gut von meinem passiven Einkommen lebte, wurde es doch Zeit, dass ich mir Gedanken darüber machte, wie ich hier in Südtirol das Land Italien für mich eröffnen wollte. Mein Unternehmen hatte vor einigen Jahren den Standort Italien eröffnet und damit war für mich die Möglichkeit gegeben, hier mein internationales Geschäft zu starten. Ja, ich hatte schon einige Teampartner in Österreich und sogar eine Linie in England, aber nun galt es, mir Italien zu erobern.

Da ich hier erst wenige Menschen kannte, ging es zu allererst darum, mich ins Leben zu stürzen, wo ich Menschen begegnen, sie kennenlernen konnte und diejenigen zu finden, die gerne ein Zusatzeinkommen oder gar ein neues Standbein aufbauen wollten. Dazu entschied ich mich für die Teilnahme an einem Tanzkurs, den Gang zu einem Fitness-Studio und Kurse in der Cusanus Akademie zu buchen, die mich interessierten.

Gleichzeitig sprach ich mit der Familie in St. Andrä, die mich liebevoll aufgenommen hatte und mich wie ein Familienmitglied behandelte. Ich erfuhr, dass es in Südtirol üblich ist, sich Vorführungen verschiedenster Waren und Geräte zu Hause geben zu lassen. In Deutschland waren Home-Partys noch nicht so etabliert und wurden eher als „Hausfrauen-Business" belächelt. Also bat ich Lisa, nachdem ich ihr meine Produkte gezeigt hatte, doch ihre Freunde und Bekannten einzuladen und ich so bei ihr eine Produkt-Präsentation halten könne. Sie war zu meiner großen Freude einverstanden und so war ich schon mal angeschlossen an den nicht versiegenden Strom neuer Kontakte.

Wir hatten einen lustigen Abend, an dem ich immer wieder um die Aufmerksamkeit der Gäste buhlen musste, da während meiner Präsentation die Brotzeit, bestehend aus Südtiroler Speck, Schüttelbrot und Rotwein genossen wurde, dabei viel gelacht und erzählt wurde. Und trotzdem, oder vielleicht genau deshalb, habe ich gut verkauft und sogar eine größere Bestellung entgegennehmen können. Ich durfte lernen, gelassener, fröhlicher und weniger geschäftlich unterwegs zu sein. Meine natürliche, bodenständige Art kam mir hier sehr zugute. Ich durfte einfach sein, wie ich war. Alles Gekünstelte, betont Geschäftliche funktionierte hier nicht. Die Menschen durchschauten sofort, wenn man sie zu einem Abschluss drängen wollte. Aber ist das nicht grundsätzlich so? Nur die Südtiroler zeigten sofort offen ihren Unmut, wenn ihnen etwas nicht gefiel. Ein ehrlicher Menschenschlag, der gerade heraus seine Meinung kundtat.

Neue Menschen, neue Orte

Beim Tanzkurs lernte ich ein nettes Mädchen kennen, eine junge Frau, die sich ebenfalls meiner liebevoll annahm als sie mich als „Fremde von draußen" erkannte und mir anbot, die Sehenswürdigkeiten in der Gegend zu zeigen. Gerti lud mich zu sich nach Hause ein, was ich sehr schätzte, nachdem ich erfahren hatte, dass private Einladungen Unbekannter, nicht unbedingt üblich waren in Brixen. Sie zeigte mir stolz die Hofburg Brixen, ein schmuckvoller Renaissancebau, der bis 1972 Sitz der Brixner Fürstbischöfe war und einen ganz zauberhaften Innenhof hat. Heute ist unter anderem ein Krippenmuseum in dem weitläufigen Bau untergebracht. Ein andermal fuhren wir zur Trostburg, beeindruckend gebaut auf Fels oberhalb von Waidbruck nur 20 Minuten von Brixen entfernt. Durch beständige Renovierungsarbeiten ist diese Burg gut erhalten und die Trostburg Tresl führt Besucher durch die geschichtsträchtigen Mauern. Sie ist die ungekrönte Burgherrin, auch wenn sie nur Verwalterin ist. Sie hat ihr ganzes Leben auf der Burg zugebracht und hat viele Geschichten auf Lager von der Burg und ihren Grafen. Ein besonders schöner Ausflug, den ich sehr genoss, zumal der Weg zur Burg von Waidbruck aus über mittelalterlichen Pflasterweg durch einen Wald ganz romantisch bergan geht. Ich unternahm mit Gerti einige Ausflüge und wir sahen uns ja auch im Tanzkurs regelmäßig. Nur von meinen Produkten oder der Geschäftsmöglichkeit wollte sie leider nichts wissen. Das war zwar schade, aber ich konnte sehen, dass sie mit ihrem Leben, beruflich wie privat, absolut glücklich war. Sie war nicht auf der Suche.

Und das war auch die nächste Lektion für mich. Es ging nicht darum, dass ich neue Geschäftspartner fand, sondern darum, Menschen, die eine Perspektive brauchten, eine Chance anbieten zu können. Das sieht auf den ersten Blick nicht so unterschiedlich aus und dennoch ist es ein gewaltiger Unterschied in der Haltung und damit auch im Ergebnis. Wenn ich auf der Suche bin nach neuen Partnern und Kunden, um mein Geschäft vorwärts zu bringen, übe ich unbewusst Druck aus und bin frustriert über jedes „Nein". Sehe ich mich jedoch als Überbringerin einer echten Chance, sein Leben zum Positiven zu verändern, ist eine Absage einfach nur ein Nein zu meinem Angebot, nicht zu mir selbst. Wenn ich auf die Frage eines Kellners, ob ich noch etwas Wein möchte, nein sage, bricht dieser ja auch nicht in Tränen aus!

Mit dieser neuen Einstellung blieb ich offen für neue Begegnungen. Lernte ich Menschen kennen, hörte ich gut zu, welche Bedürfnisse sie äußerten, welche Wünsche sie hatten und fragte einfach nach, ob sie bereit waren für Veränderung. Und da ich schon einige Empfehlungen von meinen ersten Kunden bekommen hatte, war ich guter Dinge und glaubte an meinen „italienischen Erfolg". Ein ganz junges Mädchen, Angie, war neugierig, offen und bereit, etwas ganz Neues in ihr Leben zu lassen. Sie fuhr mit mir sogar nach München zu einem 3-Tages-Training, was wir beide erst einmal wortreich ihrem Freund erklären mussten, der sein Mädel partout nicht alleine „in die Großstadt da draußen" reisen lassen wollte.

Aber wir fuhren und nahmen gleich noch Lisa aus St. Andrä mit, durch die wir bei ihrem Schwager, der in München-Nymphenburg lebt, übernachten konnten. Es wurde richtig lustig mit uns dreien, die wir unterschiedlicher nicht sein konnten. Uns einte die Begeisterung und der Wunsch, etwas Großes zu bewegen. Und es war in der Tat eine aufregende Erfahrung für meine zwei Südtirolerinnen, ein Seminar mit über 100 Teilnehmern zu besuchen, aktiv bei den Übungen mitzumachen und überhaupt ihren Horizont so zu erweitern und festgefügte Glaubenssätze zu hinterfragen. Für mich war es die Wiederholung der Wiederholung und trotzdem erfuhr ich wieder Neues, was daran lag, dass ich selbst gewachsen war. Ich hatte meinen sehnlichsten Wunsch, nach Italien auszuwandern, umgesetzt. Zumindest war ich bis Südtirol gekommen und durch meine häufigen Ausflüge nach Bozen fühlte es sich für mich schon richtig italienisch an. Das hatte meinen Geist gedehnt, mich geweitet, mich Botschaften wahrnehmen lassen, die ich zuvor nicht hören konnte. Ich war meiner Angst entgegengetreten und hatte das Monster besiegt! Ja, das hat mich tatsächlich weit werden lassen, größer, mutiger. Und darum ging es auch in diesem Seminar: Die eigenen Möglichkeiten zu erweitern, was schon allein dadurch geschieht, wenn man mehr für möglich hält, sich eine neue Geschichte über sich selbst erzählt. Nun war es ja nicht so, dass ich nach Sibirien oder nach USA ausgewandert wäre, aber ich habe meine eigene Grenze gesprengt und das ist es, was zählt. Meine zwei Begleiterinnen hatten ebenfalls ihre Angst vor Neuem überwunden und ich war mächtig stolz auf sie.

Wir feierten das ausgiebig mit einer Flasche roten Südtiroler, die Lisa mitgebracht hatte und mit ihrem Schwager Wolfgang, der sich sichtlich wohl fühlte als Hahn im Korb. Wir tanzten sogar in seinem wunderschönen, großen Wohnzimmer seiner Altbauwohnung. Wir waren ausgelassen, fröhlich und bereit, die Welt zu erobern!

Ich traf mich mit Interessentinnen in einem Café in Milland, die ich bei meinen verschiedenen Aktivitäten kennenlernte. Beim Sport, im Tanzkurs, beim Sitzen im Café auf der herrlichen Piazza in Brixen oder einfach beim Einkaufen auf dem Markt, wo ich überall das Gespräch suchte, um Menschen kennen zu lernen. Meine Zielgruppe waren Frauen meines Alters, so um die 50, denn hier war ich eine vertraute Ansprechpartnerin für die Probleme dieses speziellen Lebensabschnitts. Frauen ab 50 haben die Chance, noch einmal ganz neu durchzustarten, etwas Neues zu beginnen, wenn sie ihre Sichtweise dahin ausrichten. Meist sind die Kinder flügge geworden, leben ihr eigenes Leben und wir Frauen dürfen uns neu orientieren. Da ist es sinnvoll, sich die Zeit zu nehmen, sein Leben Revue passieren zu lassen. Was habe ich erreicht? Welche Ziele stecke ich mir neu? Was habe ich gelernt? Was will ich unbedingt noch erleben? Wo soll die Reise hingehen? Leider ist die Sichtweise, dass nun das meiste der eigenen Lebenszeit vorbei ist, man nun nicht mehr gebraucht wird und man mit dem eigenen Selbstwert hadert, ziemlich verbreitet. Das ist tödlich! Oft im wahrsten Sinne des Wortes, weil sich die eigene Angst in Form von Krankheiten manifestieren kann, sozusagen als Beweis, dass es jetzt bald vorbei ist.

Ich erinnere mich diesbezüglich an eine witzige Begebenheit: In der medizinischen Massagepraxis lag ich unter der Infrarotlampe, und verfolgte das Gespräch in der Nachbarkabine. Die Frau beklagte das Los ihrer Freundin, die jetzt mit über 40 von ihrem Mann verlassen worden war. Sie würde ja nun keinen Mann mehr bekommen und sie müsse sich jetzt alleine durchschlagen. Ich hatte gerade zum zweiten Mal geheiratet mit 40 und ich prustete lachend los. Das war natürlich nicht feinfühlig von mir, aber ich konnte es mir nicht verkneifen.

Die ersten dreißig Lebensjahre sind in der Regel der Ausbildung und der Berufsfindung gewidmet. Die weiteren dreißig Jahre der Familie, den Kindern und deren Ausbildung. Nun kommen dreißig sehr besondere Jahre: Mit 60 habe ich viel gelernt, habe meine Erfahrungen gesammelt, weiß nun endlich, was ich will und wer ich sein will. Somit sind die 30 Jahre bis 90 besonders aufregend und erfüllend in meiner Vorstellung. Die letzten 30 Jahre von 90 bis 120, die kann ich dann in Ruhe genießen mit viel Zeit zum Lesen, meine Memoiren schreiben, vielleicht die jüngeren Menschen beraten und teilhaben lassen an meinem aufregenden Leben, bis ich dann mit 120 oder 125 heim gehe zu meinem himmlischen Vater. Wie alt ich werde, habe ich nicht in der Hand. Aber ich kann mich positiv ausrichten. Mein Mantra hierzu ist: „Ich werde 125 Jahre, bei bester körperlicher, geistiger, seelischer und emotionaler Gesundheit." Mit diesem Fokus lebe ich vielleicht nicht so lange, aber auf alle Fälle besser, als mit negativer, angstvoller Einstellung, immer das Schlimmste befürchtend. Ich erwarte das Beste für mich und meine Familie und stecke so unliebsame Erfahrungen gut und zügig weg, wie meine zweite Scheidung mit knapp Fünfzig. Ich bin dankbar für die verrückten 10 Jahre mit meinem außergewöhnlich redegewandten, witzigen Ehemann und bin jetzt bereit für neue Begegnungen, die jetzt zu meinem neuen Leben passen.

Kleiner Spoiler

Während ich dieses Buch schreibe bin ich 64 Jahre, zum dritten Mal verheiratet, glücklich, ja begeistert über mein wieder einmal neues Leben – aber dazu später mehr.

Was machst Du beruflich?

Ich sitze im Café und male Kreise.

Bald war ich bekannt im Café in Milland und bekam schon unaufgefordert meinen Latte Macchiato. Hier fühlte ich mich wohl, wie in meinem zweiten Wohnzimmer. Hier hörte ich mir die Geschichten meiner Interessentinnen an, bot Unterstützung, wo ich konnte und lernte die unterschiedlichsten Lebenswege dieser Frauen kennen. Eine meiner Gaben ist es, mit fremden Menschen sofort vertraut zu sein. Ich gehe einfach immer davon aus, dass Fremde nur Menschen sind, mit denen ich noch nicht gesprochen habe. Sobald ich ins Gespräch mit jemand komme, ist er für mich ein Freund, eine Freundin. Und das spüren die Gesprächspartner und fühlen sich wohl und es entsteht sehr schnell eine vertraute Atmosphäre. Ich glaube wirklich daran, dass wir letztendlich alle eins sind. Wir sitzen alle im gleichen Boot, haben gleiche Bedürfnisse, wünschen uns ein gutes Leben. Wir alle brauchen Sicherheit, wollen gesehen und anerkannt werden, wollen uns nicht ständig darüber Sorgen machen müssen, wie das Geld hereinkommt zum Bezahlen der Rechnungen. Und wenn die täglichen Bedürfnisse erfüllt sind haben wir den Wunsch, unseren Fußabdruck zu hinterlassen, unsere Gaben, Talente und Fähigkeiten zu geben, um einen Unterschied zu bewirken. Eine Freundin drückt das so aus: „Ich will mithelfen, die Erde ein bisschen besser zu machen. Es soll sich für andere gelohnt haben, dass ich gelebt habe." Ein förderlicher Gedanke, der mir gefällt und mich beflügelt.

Ich hatte inzwischen begonnen, Seminare in der Cusanus Akademie in Brixen für Persönlichkeitsentwicklung zu halten. Hauptsächlich Frauen konnte ich ein Vorbild sein, wenn es darum ging, die eigenen Gaben zu geben. Ich coachte Frauen, die sich einen beruflichen Neustart wünschten, da die Kinder aus dem Haus waren. Sie wünschten sich, selbstsicherer auftreten zu können. Nachdem sie jahrelang zu Hause alles organisiert hatten, trauten sie sich beruflich nicht so ohne weiteres zu, in ihren einmal erlernten Beruf wieder einzusteigen. Es machte mir große Freude, mit diesen Frauen zu arbeiten und zu sehen, wie sie erblühten und sich wieder aufs berufliche Parkett wagten. Manche Frauen waren auch begnadete Networkerinnen und mit ihnen begann sich eine gemeinsame Zusammenarbeit ganz wunderbar zu entwickeln.

Der Schock und das Aus

Mit meinem Unternehmen kommunizierte ich inzwischen über die italienische Hotline, die für Produktlieferungen nach Italien, sowie italienische Events und größere Veranstaltungen, zuständig war. Ich freundete mich mit Cara an, die mir erzählte, dass sie sich inzwischen in London gut eingelebt hätte und wie froh sie sei, in diesem internationalen Unternehmen diesen lukrativen Job bekommen zu haben, um sich und ihre zwei Kinder durchzubringen nach dem überraschenden Tod ihres englischen Mannes. Auch wenn sie Sehnsucht hatte nach ihrer italienischen Heimat, wollte sie ihren Kindern ihr zu Hause nicht nehmen und sie vor allem nicht aus ihrer laufenden Ausbildung heraus reißen. Sie freute sich riesig, auf dem Event in Mailand dabei zu sein, der im Sommer stattfinden sollte und wir beide freuten uns auf unser persönliches Kennenlernen.

Ja, ich würde auf dem Event in Mailand sein mit meinen neuen Partnern aus Südtirol und sie würden sich ein größeres Bild des weltweit tätigen Unternehmens machen können, sowie die Möglichkeit haben, die Gründer des Konzerns kennen zu lernen. Das ist immer ein großartiges Erlebnis, mit den eigenen Teampartnern an solch einem Firmenevent teilzunehmen. Nichts ist überzeugender, als mit eigenen Augen zu sehen und mit eigenen Ohren zu hören, was die Company plant, zu erfahren, welche neuen Produkte auf den Markt kommen und welche große Vision das Unternehmen hat. Außerdem schweißt ein solches Abenteuer, das diese gemeinsame Reise darstellt, das Team zusammen. Gemeinsame Erlebnisse, neue Ideen und neu geschlossene Freundschaften sind der Motor für größere Motivation und die Bereitschaft, neue Höhen zu erklimmen.

Voller Vorfreude planten wir die Reise, erkundigten uns nach günstigen Hotels in Mailand und heckten ein kleines Programm rund um den Event aus. Denn in Milano sein und nicht in der Galleria shoppen zu gehen, ging natürlich gar nicht. Mein Team und ich trafen uns regelmäßig, um neue Strategien zu planen, neue Partner für die Geschäftschance zu gewinnen und Produktschulungen abzuhalten. Was hatten wir für einen Spaß! Das ist Arbeit, die Laune macht!

Als ich wegen der Bestellung einer neuen Kundin aus Bozen "meine" Cara sprechen wollte, wurde mir mitgeteilt, sie arbeite nicht mehr im Unternehmen. Ich war fassungslos und traurig, denn mir war klar, dass irgendetwas Unvorhergesehenes passiert sein musste, denn noch im letzten Telefonat besprachen wir unser Treffen in Mailand. Dass dieses "Unvorhersehbare" auch mich hart treffen würde, bekam ich im Moment noch gar nicht mit. Wie in Trance hörte ich, dass der Event in Mailand abgesagt sei, da das Unternehmen aus wirtschaftlichen Gründen Italien nicht mehr beliefern würde. Auf meine leicht hysterische Frage, was das bedeuten sollte bekam ich die Antwort: "Der italienische Markt ist geschlossen!"

Ich brauchte Stunden, um wieder einigermaßen klar denken zu können. Fassungslos machte ich mir das Ausmaß dieser

Aussage auf mein Leben klar. Und das Leben meiner neu gewonnenen Teampartner! Das konnte doch einfach nicht wahr sein! Dass meine Arbeit von Monaten von jetzt auf gleich wertlos war, war die eine Erkenntnis. Aber dass ich Menschen in ein sinkendes Boot geholt hatte, traf mich wie ein tödlicher Blitz aus heiterem Himmel. Wie würde ich das meinen Freundinnen, die diese Frauen inzwischen für mich waren, beibringen? Wie konnte ich erklären, dass das Unternehmen, in das ich solch ein unerschütterliches Vertrauen hatte, eine so folgenschwere Entscheidung treffen konnte und das noch dazu ohne jegliche Vorlaufzeit.

Mein Traum, den italienischen Markt zu erobern, war gestorben. Aber was noch weitaus schlimmer war: mein Vertrauen ins Unternehmen hatte einen empfindlichen Riss bekommen. Ja, eigentlich war es auch gestorben. Jahrelang hatte ich wunderbare Erlebnisse mit dieser Company. Jahrelang kam die Auszahlung der erwirtschafteten Boni zuverlässig monatlich pünktlich auf dem Konto an. Jahrelang feierten meine Teams in Deutschland, Österreich und England mit mir großartige Erfolge. Jahrelang war das Vertrauen in dieses Unternehmen gewachsen, durfte ich die Gründer kennenlernen und das Mutterhaus in Kalifornien besuchen. Jahrelang hatten mich die erfolgreichen Menschen in meiner Upline trainiert, sind mir voran gegangen und haben mir Mut gemacht, ihnen zu folgen. Und nun dieser Schock! Ja, vielleicht war der italienische Markt nicht so erfolgreich, aber konnte man deshalb gleich einem ganzen Land die Chance verwehren, Teil der Erfolgsgeschichte zu werden? Und konnte man einfach ohne Vorankündigung den bestehenden Partnern die Existenzgrundlage entziehen? Ich war ja Gott sei Dank schon in anderen Märkten erfolgreich, so dass meine Boni aus diesen Ländern weiter fließen würden. Aber meine neuen Partner hatten ja auch investiert und standen nun mit der Ware vor dem Aus. Am liebsten hätte ich mich klammheimlich aus dem Staub gemacht, was aber natürlich nicht ging und letztendlich auch nicht meiner Verantwortung den neuen Partnern und Kunden gegenüber, gerecht geworden wäre. So stellte ich mich der schrecklichen Herausforderung und trommelte mein italienisch/südtirolerisches Team zusammen, um die Schreckensbotschaft mitzuteilen. Ich war wild entschlossen, zumindest einen Teil der Ware zurückzukaufen und wenigstens einen finanziellen Ausgleich anzubieten für den Verlust des Traumes von finanzieller Unabhängigkeit. "Meine Menschen" sollten wenigstens keinen finanziellen Verlust erleiden müssen, wenn sie schon den Verlust dieser kostbaren Vision zu verkraften hatten. Es wurde eine tränenreiche Zusammenkunft. Abwechselnd lagen wir uns in den Armen, schluchzten hemmungslos und versuchten uns gleichzeitig gegenseitig zu trösten.

Was nun folgte, war ein weiterer Albtraum: Die Verunsicherung breitete sich auch in Teams aus, die nichts mit dem italienischen Markt zu tun hatten. Ich besprach mich mit führenden Menschen meiner Upline, um Hilfe in dieser verfahrenen Situation zu bekommen. Aber auch sie waren überfordert. Einige Leader versuchten dem ganzen die Schwere zu nehmen, indem sie auf den Erfolg bestehender Märkte hinwiesen, andere redeten hinter vorgehaltener Hand und spekulierten über den Fortgang oder Untergang des Unternehmens. Es begann ein richtiger Spießruten-Lauf. Einige Leute meiner Downline gaben mir die Schuld, für sinkende Einnahmen - sie waren ebenfalls verzweifelt und wussten es nicht besser. Der Sturz war gewaltig: in wenigen Monaten brachen die Umsätze drastisch ein und viele Partner verließen das sinkende Schiff. Zu allem Unglück veränderte das Unternehmen den Vergütungsplan, die Heilige Kuh im Networkmarketing - ein denkbar schlechter Zug der Company. Das Qualifikationsvolumen wurde empfindlich angehoben, was bedeutete, noch mehr Waren umsetzen zu müssen, um die bereits erworbene Qualifikation zu erhalten.

Nun war auch der Segen des Autoprogramms zum Fluch geworden. Das Unternehmen finanzierte ab einer bestimmten Umsatzhöhe ein "dickes Auto", ein sichtbares Zeichen für Erfolg und Belohnung für den eigenen Einsatz. Und ja, es war ein tolles Gefühl, mit meinem nagelneuen Volvo XC 90 von Brixen nach München und zurück zu düsen und zu wissen, dass die teuren Leasingraten vom Unternehmen bezahlt wurden. Es war schon mein zweites Auto, welches ich auf Kosten meiner Company fahren durfte. Mein erstes Auto im Rahmen des Programms war ein Saab Cabrio, für mich ein kleiner Traum! Mit meinen zwei Hundemädchen und meiner Leidenschaft für Ausflüge in die Berge, war der Volvo, ein großräumiger Allrad, jedoch sinnvoller. Da aber nun die Umsätze drastisch einbrachen, fiel ich aus dem Autoprogramm heraus, was bedeutete, dass ich die Leasingraten bis zum Ende der 3-jährigen Vertragslaufzeit nun selbst bezahlen musste. Eine Zeit lang war das noch durchaus möglich, aber die Angst saß nun spürbar im Nacken, wie lange ich mir das alles noch würde leisten können.

Im Rückblick sehe ich, dass ich die große Krise unseres Network-Unternehmens so früh erkannte, da mich das Schließen des Italienischen Marktes unmittelbar betraf und es mir somit klar zeigte, dass irgendetwas ganz und gar nicht stimmte. Ganz zu Anfang beschimpften mich Kollegen noch als Nestbeschmutzer, wenn ich versuchte, mehr über den Hintergrund dieses Schachzuges zu erfahren. Später verließen, meines Wissens nach, alle Führungskräfte meiner Upline das Unternehmen. Selbst die "ganz Großen", die noch am ehesten den finanziellen Einbruch verkraften konnten, da der Sturz aus dem 6-stelligen Bereich zwar ebenfalls schmerzt, aber doch auf einer erträglichen, lukrativen Einkommens-Höhe stehen blieb.

Gerne würde ich berichten, dass ich mich kurz schüttelte und mich aufmachte zu neuen Ufern. Aber dem war nicht so - leider! Rückblickend erkenne ich natürlich, dass ich mir viel zu lange die Wunden geleckt habe, bevor ich wieder aktiv wurde und mir überlegte, was als nächstes zu tun wäre. Ich fühlte mich benommen, unfähig einen Entschluss zu fassen und war wie gelähmt. Nie wieder wollte ich etwas mit Networkmarketing zu tun haben! Nie wieder wollte ich angewiesen sein auf Firmenentscheidungen, auf die ich keinerlei Einfluss hatte. Nie wieder wollte ich in die fragenden Augen meiner Teampartner schauen müssen, deren Fragen ich nicht beantworten konnte. Nie wieder etwas mit dieser verrückten Welt des Multilevel-Marketing zu tun haben!

Monatelang verkroch ich mich zu Hause, ging nur mit meinen Hunden raus in die Natur und betete, dass das Geld noch reichen würde, bis ich wieder einsatzbereit wäre.

Was könnte ich denn überhaupt tun? Meine Praxis hatte ich verkauft und ich fragte mich, ob ich überhaupt noch einmal den Elan aufbringen könnte, eine Praxis aufzubauen, abgesehen davon, dass ich dann wieder mit Schulden für die Investition dastehen würde, was ich auf keinen Fall mehr wollte. Einen Job annehmen? Als angestellte Kosmetikerin vielleicht in einem Hotel arbeiten? Das wäre ein unglaublicher Rückschritt, den ich nur im allergrößten Notfall tun würde. Ich war mir sicher nicht zu schön, um zu arbeiten, das hatte ich schon mein Leben lang getan. Aber die Freiheit, die ich die letzten Jahre schmecken durfte, war mir so kostbar geworden. Örtlich und finanziell frei zu sein, war für mich jeden Einsatz wert. Ich würde nicht aufgeben und für einen Angestellten-Lohn für den Traum eines anderen Menschen arbeiten! Ich war schon immer mein eigener Chef gewesen, bis auf eine kurze Sequenz als Angestellte in einem Speditionsunternehmen als ganz junges Mädchen. Schon damals wehrte ich mich gegen ungerechte Behandlung und führte Anweisungen nur dann aus, wenn sie mir vernünftig erschienen. Nein, diese Zeit war nicht gut für mich - und nicht gut für meinen Chef! Wobei die Erinnerung daran mich heute nicht nur erheitert, sondern mir auch vor Augen führt, dass ich unbedingt selbstbestimmt leben und arbeiten will.

Ich probierte in Folge alles Mögliche und vor allem viel "Unmögliches" aus. Ich war leichtsinnig und folgte schillernden Lockvögeln, die mir das Blaue vom Himmel herunter versprachen. Ich war in guter Gesellschaft: "gestandene Geschäftsmänner" folgten der vielversprechenden Idee, einen online-Verlag aufzubauen und damit das ganz "Große Geld" zu verdienen. Es war ein kurzes Eintauchen in einen Lifestyle der Superlative. Ja, ich investierte was ich noch hatte und war bereit, Neues zu lernen und mich führen zu lassen. Bald jedoch war die Luft raus und das Geld weg. Aber ich war um neue Erfahrungen reicher. Ich bin, so verrückt das klingt, froh, dass ich alles ausprobiert habe, bereit war, mich auf unbekanntes Terrain zu begeben, hinter verschiedenste Kulissen zu schauen und zu erkennen, dass auch die vermeintlich ganz Großen auch nur mit Wasser kochen.

Ich orientierte mich immer noch viel zu sehr an vermeintlich erfolgreichen Unternehmer-Typen, die gut gekleidet gut reden konnten. Immerhin hatte ich jede Möglichkeit ergriffen, Erfahrungen zu sammeln. Das war um vieles besser, als mich zu Hause oder im Wald zu verkriechen. Ich nahm wieder am Leben teil, kämpfte wie eine Löwin und griff nach allen möglichen Strohhalmen.

In all diesem Chaos fand mich die Liebe meines jetzigen Ehemannes. Ich hatte wohl noch nicht meinen Elan und meine positive Ausstrahlung verloren! Er besuchte mich in Südtirol, wir unternahmen herrliche Bergtouren auf die Plose und schrieben uns während der Woche kilometerlange e-Mails. Zu dieser Zeit war es noch an der Telefonrechnung ersichtlich, wenn man verliebt war. Deutschland/Italien-Telefonate kosteten richtig Geld! So entschieden wir schnell, sehr schnell, zusammenzuziehen und dass ich zurück nach Bayern kommen würde.

War ich in meinem Berufsleben schon immer bereit, ein Risiko einzugehen, so war ich das auch in meinem Privatleben. Ich habe es nicht bereut. Allerdings war unser erstes gemeinsames Nest ein ganz ungemütliches, uncharmantes Reihenhaus, das wir nach etwas über einem Jahr schon wieder verließen, was in kürzesten Zeitabständen komplette Umzüge bedeutete und in mir die Sehnsucht schürte, endlich mein zu Hause zu finden, wo ich einmal bleiben würde wollen.

Zurück in Deutschland knüpfte ich viele neue Kontakte, besuchte Unternehmer-Netzwerktreffen immer auf der Suche, nach einer neuen beruflichen Chance. Networker aller Couleur wollten mich für ihre Unternehmen gewinnen, aber ich war nicht bereit, mich noch einmal auf diese Branche einzulassen. Außerdem war niemand dabei, der sensibel genug gewesen wäre, mich erst einmal nach meinem Befinden zu fragen. Ich erinnere mich an einen Network-Kollegen, der mir per Messenger in Facebook schrieb, dass er genau das Richtige Geschäft für mich habe und dass ich mir doch gleich mal die anhängende Präsentation anschauen solle. Ich schrieb ihm zurück, dass ich nicht mit ihm arbeiten wollte, auch wenn er das ideale Business für mich hätte, da er sich mit keinem Wort persönlich für mich interessierte. Allein die Idee „mich, die erfolgreiche Networkerin, in sein Netzwerk zu bekommen" trieb ihn an. MLM (Multi-Level-Marketing) ist immer ein Menschen-Business. Hier zählt zuerst die persönliche Beziehung, das Interesse am anderen: erst kommt die Beziehung, dann kommt das Geschäft!

Ich hielt nach wie vor Seminare in der Cusanus Akademie in Brixen ab, was mir zwar Freude machte, aber auf Dauer keine Lösung darstellte, da ich in Bayern leben und arbeiten wollte.

Ich hielt Vorträge in der Psychologischen Buchhandlung in München, schrieb an meinem ersten Buch: "Der Hintern auf Grundeis, das Herz im Himmel" die Biografie meiner ersten verrückten 50 Jahre und war weiterhin auf der Suche nach dem beruflichen Ei des Kolumbus.

Nach einem Vortrag kam eine energiegeladene blonde Frau auf mich zu und machte mir ein dickes Kompliment: "Sie sind aber mal eine interessante Persönlichkeit - ich würde Sie gerne näher kennen lernen!"

Das tat meiner unsteten Seele gut und gerne verabredete ich mit ihr ein Treffen. Ich wusste nicht, dass sich damit mein Leben noch einmal komplett verändern sollte.

Die vitale Blonde besuchte mich in meinem damaligen zu Hause in Zorneding und erzählte mir von ihrem außergewöhnlichen beruflichen Werdegang. Sie war Opernsängerin, war aber ebenfalls auf der Suche nach einer neuen lukrativen beruflichen Herausforderung gewesen und sei fündig geworden. Nun war meine Neugierde geweckt und ich wollte alles wissen, was sie mir bereitwillig erzählte. Na, hatte ich es doch gewusst: schon wieder so ein Networkmarketing-Business. Ich teilte ihr meine Skepsis, meinen furchtbaren Sturz aus großer Höhe und meine Angst vor neuerlichem Versagen mit und sie hörte mir aufmerksam zu.

Sie drang nicht weiter in mich, empfahl mir nur ein Produkt gegen den Stress zu nehmen, was ich gerne bei ihr bestellte. Als sie schon beim Hinausgehen war, fragte ich nur kurz nach, was ich denn tun müsse, sollte ich doch Interesse haben, beruflich einzusteigen. Ihre Antwort verblüffte mich:

"Nichts weiter! Sie sind schon drin!" Wie, "ich bin schon drin"? Ich muss doch einen Vertrag unterzeichnen, Papiere durchlesen, ein Starterpaket bestellen und überhaupt einmal wissen, wie hoch die Investition ist, um beruflich zu starten? Sie meinte augenzwinkernd, dass ich wohl die Erfahrung mit einem Direktvertrieb gemacht hätte, sie aber in einem reinen Empfehlungs-Netzwerk tätig sei und es weder etwas zu unterschreiben gäbe, noch eine Investition zu tätigen sei. Ich könne mich ja gerne bei ihr noch einmal melden, sollte ich mehr wissen wollen. Damit war sie aus der Türe und ich stand verdutzt und sprachlos da und glaubte, mich verhört zu haben. Und ob ich mehr wissen wollte!

Dazu vereinbarte ich einen Termin mit ihr in München. Was ich da von ihr lernte, sprengte wieder einmal meine Wissens-Grenzen. Ich durfte mich weit hinaus lehnen aus meiner festgefügten Überzeugungs-Box und erfahren, dass es einen Unterschied gibt zwischen einem Direktvertrieb, wie ich ihn damals kennen und arbeiten gelernt habe - und einem reinen Konsumenten Netzwerk.

Multilevel-Marketing im Direktvertrieb

Mit "meinem" früheren Unternehmen startete ich mit einem sogenannten Starter-Kit, worin der Vertrag enthalten war, der in dreifacher Ausfertigung zu unterzeichnen war, einige Papiere bzgl. der Geschäftsbedingungen und Kataloge, in welchen die Produkte beschrieben und ausgepreist waren. Außerdem war die Lizenz enthalten, die man vom Unternehmen kaufte.

Desweiteren musste man sich für ein Starter-Paket, welches Produkte zur eigenen Nutzung sowie zur Produkt-Präsentation beinhaltete, entscheiden. Es gab zwei Versionen, wobei natürlich die "Geschäfts-Version" empfohlen wurde, die zum damaligen Zeitpunkt 5.000 DM kostete und mit der ich mein Business begann. Durch die hohe Investition verdiente ich schnell selbst Geld, da ich mein Vorgehen mit neuen Interessenten duplizierte, d. h. viele neue Partner stiegen ebenfalls mit dem großen Produkt-Paket ein, was sofort den eigenen Bonus interessant ansteigen ließ, wodurch sich diese Vorgehensweise auch immer leichter bewerben ließ. Für die erste Ebene erhielt man 25%, was bedeutet, dass das Verkaufen von Produkten belohnt wurde. Natürlich war diese Investition nicht für jedermann möglich. Aber da ich nicht daran zweifelte, dass sich diese Investition lohnt, fand ich auch entsprechende Interessenten, die nicht nur einsteigen und mitarbeiten wollten, sondern sich auch das Geschäfts-Produkt-Paket leisten konnten. Was ich zu dieser Zeit nicht erkannte, war, dass ich immer fortwährend neue Partner würde finden müssen sowie gut betuchte Kunden, die sich diese Produkte im hochpreisigen Segment würden leisten wollen und können. Von wegen passivem Einkommen, von dem auf Geschäftspräsentationen immer begeistert gesprochen wurde! Das würde mit diesem System nicht klappen, da für den Teamaufbau weitaus geringere Boni ausgezahlt wurden als für den Produktverkauf und den Einstig neuer Partner mit großem Paket. Bei jeder Produkteinführung wurde erwartet, dass alle Partner sich die neuen Produkte kauften, was wiederum den Bonus interessant machte. Aber es war ein fortwährender Einsatz notwendig, um neue Partner und Kunden zu gewinnen. Der Teamaufbau brachte erst durch die große

Menge von Partnern in der Tiefe einen interessanten monatlichen Bonus-Scheck. Was auch noch wichtig war zu verstehen, war, dass die Auszahlung aus der Tiefe nur bei entsprechender Qualifikation, d. h. hohes Eigenvolumen plus Gruppenvolumen (aus den ersten drei Ebenen) gewährt wurde. Die Größe des Teams spielte die untergeordnete Rolle, Verkaufen war das tägliche Brot! Da es sich nicht um Verbrauchs-Produkte handelte, mussten immer neue Menschen gefunden werden. Ein verkauftes Schlafsystem brachte zwar einen interessanten Bonus, hielt aber 30 Jahre! Beim Wasserfiltersystem verbrauchten sich zwar die Filter und mussten spätestens alle drei Monate ersetzt werden, aber manche Kunden benutzten die Filter auch länger, oder bestellten nicht regelmäßig. Später richtete unser Unternehmen ein monatliches Abo-System ein und verkündete, dass nun die Filter monatlich gewechselt werden müssten. Das fühlte sich komisch an, auch wenn es natürlich für den Geschäftsaufbau interessant war, ein Verbrauchsprodukt zu haben. Diese verschiedenen Aussagen in der Beschreibung der Produkte verwirrte Partner wie Kunden.

Jetzt hörte ich von meiner neuen blonden Sponsorin, dass ich mit einer einzigen Bestellung von ca. 65 Euro bereits "drin" sei - und dass es nirgends eine Stelle gäbe, wo ich unterschreiben müsse. Auch eine Lizenz musste ich nicht erwerben. Und überhaupt gäbe es keinerlei weitere Kosten, außer den Produkten, die ich tatsächlich selbst verbrauchte. Da ich es von früher gewohnt war, für jede Geschäftspräsentation Eintritt zu bezahlen und dort jede vom Unternehmen veranstaltete Schulung Geld kostete, teilweise im 3-stelligen Bereich, fragte ich ungläubig, wie das funktionieren könne.

Überhaupt musste ich den Unterschied zwischen Direktvertrieb und Empfehlungsmarketing erst einmal verstehen lernen. Hier – im Empfehlungsmarketing - werden einfach Produkte, die einem selbst helfen und guttun, weiterempfohlen und es gibt ein monatliches Abo-System, da es sich durchwegs um Verbrauchsprodukte handelt. Jede Packung ist auf eine Monatsmenge ausgelegt. Es gibt keine Unterscheidung zwischen Kunden und Vertriebspartnern. Jeder, der einen gesunden Lebensstil wünscht, nimmt diese Vitalstoffe zu sich, empfiehlt sie weiter und bekommt einen kleinen Prozentsatz an Empfehlungsbonus. Was ich anfangs überhaupt nicht verstand war, dass in der ersten Ebene, also bei meinen direkten Kunden und Partnern nur ein Empfehlungsbonus von 5% ausgezahlt wird. Erst wenn ich meinen Partnern helfen würde, selbst erfolgreich zu werden, würde ich deutlich mehr Geld verdienen. Also nicht "an" den Menschen, sondern "mit" den Menschen. Hier wird eindeutig der Team-Aufbau belohnt! Was für ein fairer Ansatz! Nicht verkaufen um jeden Preis, sondern die eigenen Partner unterstützen, helfen, fördern, die dadurch sehr bald die eigenen Produkte kostenfrei nutzen können. Was für ein immenser Unterschied! Keine monatlichen hohen Kosten, um überhaupt qualifiziert zu sein, um dann schauen zu müssen, wie man die vielen Produkte irgendwie wieder verkauft. Noch heute besitze ich viele der langlebigen Produkte meines ersten früheren Network-Unternehmens, die einfach zu teuer waren, um sie zu entsorgen. Und ja, die Produkte waren ja auch hilfreich, aber eben auch sehr hochpreisig - und sie verbrauchen sich nicht. Das "neue Unternehmen" hilft sogar mit, dass neue Partner schnell ihre eigenen Produkte refinanzieren können, nämlich mit Extrabonuszahlungen an Geschäftsentwickler. Ab bereits drei neuen Partnern innerhalb eines Monats gibt es vom Unternehmen einen Zusatz-Bonus aus einem Extratopf, in welchen ein gewisser Prozentsatz vom weltweiten Produktumsatz eingespeist wird. Spannende Geschichte für mich, denn ich war es nicht gewohnt, vom Unternehmen selbst unterstützt zu werden. Außerdem wird hier kein Unterschied zwischen Kunden und Geschäftspartnern gemacht. Ich kann meinen Großvater einschreiben und ihm helfen, gesund alt zu werden und er zählt ebenso für die Vergütung wie ein Geschäftspartner, der selbst daran interessiert ist, ein großes Team aufzubauen.

Natürlich musste ich erst begreifen, dass hier kein "schnell-reich-werden-System" angeboten wird. Durch die geringen Qualifikations-Volumina dauert es etwas, bis ein interessanter monatlicher Bonusscheck erreicht wird. Aber genau das ist die Versicherung, dass Menschen beständig im System bleiben wollen, da sie wenig monatliche Kosten haben und selbst diese schnell refinanzieren können, was schlichtweg heißt, dass jeder die eigenen Produkte kostenfrei genießen kann. Und sobald ein Team einmal aufgebaut ist, gibt es tatsächlich so etwas wie ein passives Einkommen. Ja, natürlich empfehle ich aktiv weiter, was mir selbst hilft und gut tut und ich unterstütze aktiv meine Teampartner, helfe ihnen, ihre neuen Partner zu gewinnen und auszubilden. Es ist ein echtes Miteinander. Diese soziale Komponente ist überhaupt eine starke Säule in diesem Geschäft - zusätzlich zu den Säulen Gesundheit und Finanzen. Da heute immer mehr Menschen vor irgendwelchen Bildschirmen vereinsamen und oft nur „sogenannte" Freunde haben, die sie nicht einmal persönlich kennen, ist das liebevolle, freundschaftliche Miteinander ein nicht zu unterschätzender Zusatznutzen.

Eine Studie verdeutlicht die Wichtigkeit sozialer, liebevoller, engagierter Interaktion. Es wurden Gruppen mit jeweils fünf Mäusen in einem Ambiente gehalten, indem sie "normal versorgt" wurden. Also Nahrung, Wasser und Bewegungsmöglichkeiten angeboten bekamen.

Im Vergleich dazu wurden Gruppen von 25 Mäusen in einem sogenannten "angereicherten" Ambiente gehalten, was bedeutet, dass diesen Versuchstieren nicht nur Nahrung, Wasser und Bewegungsmöglichkeiten geboten wurden, sondern darüber hinaus Spielzeuge, Versteckmöglichkeiten, Möglichkeiten der Interaktion zwischen den Tieren sowie Belohnungssysteme.

Die Mäuse in den größeren sozialen Gruppen, in einem anregenden Ambiente waren um ein Vielfaches gesünder und langlebiger, als die Mäuse in kleineren Gruppen in normalem Ambiente.

Wir Bayern haben da ein passendes Sprichwort: "Allein ist es im Himmel nicht schön!"

In diesem für mich so neuen Empfehlungsnetzwerk entstehen Freundschaften so viel leichter, da die einzelnen Menschen nicht unter diesem enormen Stress stehen, ihre monatlichen Verkaufszahlen zu erreichen. Außerdem habe ich noch nie vorher so viele teamübergreifende Aktionen erlebt, wo einer den anderen unterstützt. So ist internationaler

Teamaufbau nicht nur möglich, sondern auch hochgradig erfolgreich.

Was ich noch spannend finde ist, dass hier jeder, der es wirklich will, Erfolg generieren kann. Durch den kleinen finanziellen Einsatz, durch die Einfachheit des Geschäftsmodells, durch die Unterstützung seitens der Company sowie der Upline, ist es gar nicht so einfach, nicht erfolgreich zu werden, außer man hat einfach keinerlei Antrieb, sich zu bewegen.

Es wurde schon bezeichnet als „die Geschäftchance des kleinen Mannes". Und ja, vergleicht man die verschiedenen Geschäftsmodelle, mit denen man sich selbständig ein Einkommen generieren kann, ist das Empfehlungs-Marketing das mit Abstand leichteste umzusetzende System.

Im Franchise muss ich in der Regel eine hohe Investition tätigen und habe auch monatliche Abgaben an den Franchisegeber zu leisten. Um ein ganz normales Einzelhandelsgeschäft aufzumachen bedarf es neben der Investition für die Einrichtung des Standortes monatliche Kosten für Miete und Betriebskosten. Als ich als junge Frau mein erstes Kosmetikstudio einrichtete, investierte ich peu á peu eine erkleckliche Summe und durfte auch monatlich zusehen, wie ich die Betriebskosten wieder herein wirtschaftete. Mal ganz abgesehen von den Ausbildungskosten, die ich in meiner gesamten Berufszeit investierte.

Und inzwischen erkenne ich auch, dass der Direktvertrieb – wie gesagt, das war mein früheres Unternehmen - noch nicht das Eldorado der geschäftlichen Möglichkeiten bietet, auch wenn dieser schon weitaus interessanter ist, als hohe Investitions- und laufende Betriebskosten erwirtschaften zu müssen. Da jeder Fachberater die Produkte selbst zu einem günstigeren Einkaufspreis einkauft, sie dann mit einem Aufschlag an Endkunden verkauft, überspringt man in diesem Modell sozusagen den Einzelhandel mit all seinen Kosten wie Miete, Löhne und Gehälter sowie Betriebskosten.

Hier - im Empfehlungsmarketing - kauft jeder Mensch, der sich für diesen gesunden Lifestyle entscheidet, zum gleichen Preis beim Unternehmen ein, bekommt jedoch für jede Empfehlung einen Bonus ausbezahlt. Und da der Bonus für den Aufbau von Teams, sowie das Erfolgreich machen der eigenen Teampartner um ein vielfaches höher ist als der Verkauf an Endkunden, ist die Belohnung ein echter Motivations-Anreiz, sich ein florierendes Team zu schaffen. Die Einfachheit des Systems fördert ebenso die Duplikation, große Investitionen sind niemals nötig UND wir haben ein völlig kostenloses Ausbildungs- und Trainings-Angebot.

Der Ablauf ist so einfach wie genial: Ich sorge für mein Wohlbefinden, indem ich sinnvolle, gehaltreiche Vitalstoffe zu mir nehme. Ich werde danach gefragt, was ich mache, um so fit und gesund zu sein und woher ich meine positive Ausstrahlung hätte. Voilá, ich habe einen Interessenten, dem ich meine Produkte empfehlen kann. Manchmal erzähle ich auch einfach meine Geschichte, wenn mich jemand fragt, was ich denn beruflich mache. Meine Geschichte ist immer die gleiche: "Ich war Zeit meines Lebens selbständig und habe mir nie Gedanken über meine Rente gemacht. Als dann mein sechzigster Geburtstag nahte und ich meine voraussichtliche

Rentenberechnung erhielt, wusste ich, dass ich mit 300 Euro im Alter nicht überleben könnte! Heute bin ich dankbar und froh, ein System gefunden zu haben, mit dem ich mir nicht nur eine hohe "Rente" sichern kann, sowie unbegrenzte "Gehaltsfortzahlung" im Krankheitsfall erhalte, sondern durch passives Einkommen total abgesichert bin. Als ich durch einen Schlaganfall ein ganzes Jahr ausfiel, durfte ich erfahren, welchen Wert ein Team im Empfehlungsmarketing darstellt. Ich wurde von allen Seiten liebevoll unterstützt, mein Team krempelte die Ärmel hoch und arbeitete am Geschäftsaufbau weiter, unterstützt von meiner Sponsorin, die engagiert mein Team weiter betreute. Ich konnte mir die Zeit nehmen, gesund zu werden, wieder normal sprechen zu lernen und musste mir wenigstens keinerlei Sorgen um meine finanzielle Versorgung machen. Wenn ich mir vorstelle, ich hätte nicht gewusst, woher das Geld kommen soll, während meiner Krankheitszeit! Erst einmal lag ich im Krankenhaus, später war ich wochenlang auf Reha und überhaupt dauerte es ein Jahr, indem ich täglich Sprechen üben musste, zur Logopädin und zur Ergo-Therapie ging und auch psychologische Betreuung in Anspruch nahm, um den Schock zu verarbeiten, den es für mich bedeutete, nicht mehr sprechen zu können. Freunde von mir sagten verständnisvoll: Laura und nicht sprechen, das geht gar nicht! Das Gefühl, nicht Herr über den eigenen Körper zu sein, hatte mich tief verunsichert. Heute bin ich wieder hergestellt, kann wieder mitreden, auch wenn meine Stimme nicht mehr so klangvoll ist, wie sie früher war und ich einiges an Erinnerungen eingebüßt habe. Manchmal entstehen daraus witzige Situationen: Seit bestimmt 20 Jahren fahren „meine Mädels" und ich im Frühling zum Wellnessen nach Bad Birnbach und residieren im Churfürsten-

Hof. Dort genießen wir die herrliche Hotel-eigene Therme mit Sauna, Dampfbad und einem besonderen Ruheraum, indem man eine Lichter-Show auf sich wirken lassen kann, sowie einer Schwebeliege, auf der wir uns abwechselnd zu zweit sanft hin und her schwingen lassen und dabei natürlich einen regen Mädels-Talk pflegen. Als ich ein Jahr nach dem Schlaganfall wieder mitfahren konnte, entdeckte ich in der Wellness-Oase eine ganz neue Edelsteingrotte. Aufgeregt rief ich meine Mädels zusammen und zeigte ihnen diesen wunderschönen, neuen Raum, der mit den verschiedensten Edelsteinen bestückte Sitzmulden hatte, die auch noch herrlich angewärmt waren. Die Freundinnen sahen sich fragend an und meinten dann ganz vorsichtig, dass es diesen Raum doch schon immer gab. Ich glaubte ihnen kein Wort. Ich ging sogar zur Rezeption um zu fragen, wie lange es denn diese herrliche Edelsteingrotte schon gäbe. „Ungefähr 17 Jahre" war die Antwort. Namen wollen mir auch oft nicht einfallen, was aber natürlich auch mit dem Älterwerden zu tun haben könnte. Den Namen einer Kollegin, die ich auch noch besonders gerne habe, konnte ich Jahrelang nicht sagen. Sie machte liebenswürdigerweise ein Ritual mit mir, indem sie jedes Mal, wenn wir uns trafen, sagte: „Ich bin die Cordula!" Aber natürlich sind das minimale Einschränkungen, mit denen ich gut leben kann. Heute habe ich sogar eine gute Ausrede dafür, dass ich nicht gut rechnen kann, was ich allerdings noch nie konnte.

Ich hatte überhaupt Glück im Unglück! Ich bekam nicht nur die unbegrenzte "Lohnfortzahlung", sondern nach diesem Jahr war auch mein monatlicher Bonusscheck um 1.000 Euro höher als vor meiner Erkrankung.

Natürlich arbeitet jeder Partner im Team zu seinem eigenen Nutzen, aber meine Freunde wussten auch, dass sie mich mit ihrem eigenen Erfolg unterstützten. Nun wünsche ich natürlich niemandem solch eine Erkrankung! Aber für mich war es im Nachhinein betrachtet ein Segen, mich rechtzeitig für dieses Empfehlungs-Marketing-Modell entschieden zu haben. Und da ich einen Sohn habe, beruhigt es mich außerdem sehr, dass ich ihm mein Geschäft vererben kann. Was für eine Chance!

Neuerlicher Abstieg vor dem Sieg

Gerne würde ich jetzt schreiben: „Und mein Team wuchs und gedieh, die Teamarbeit trug immer mehr Früchte und wundervolle Freundschaften entstanden und alle lebten glücklich und zufrieden bis ans Lebensende."

Aber so war es erst mal nicht. Bevor tatsächlich der Erfolg eintraf (und das tat er Gott sei Dank noch vor meinem Schlaganfall!) spielte noch einmal meine Psyche verrückt. Ich bekam noch einmal Panik, dass ich im falschen Business gelandet war, weil ich nicht so schnell viel Geld verdiente, wie in meinem ersten Network, dem Direktvertrieb, wo ich durch die hochpreisigen Produkte und mein Verkaufstalent schnell gutes Geld verdiente. Ich ließ mich ablenken von bling-bling-Angeboten, die das schnelle Geld versprachen, probierte mich im Verkauf von Edelmetallen, was mir gut gefiel, da es „echte Werte" versprach, mit denen ich handelte. Ich weiß heute im Rückblick nicht, was mich geritten hat, dass ich so unstet war und meine ersten Team-Partner, vor allem meine Freundin aus Berlin, die ernsthaft dabei war, das Empfehlungsbusiness aufzubauen, alleine ließ. Ich war viel krank, unsicher, unbeständig und lief irgendeiner Idee hinterher, die mir die Eier-legende-Woll-Milch-Sau versprach. Es dient nicht meiner Ehre, das zuzugeben, aber ich hoffe, es dient Dir, wenn Du das liest.

Ich enttäuschte auch die erste Führungskraft des Unternehmens, die mich für eine ganze Woche zu sich nach Mallorca einlud, um mir das Empfehlungs-Modell nahe zu bringen, mich zu unterstützen, meine schlechte Erfahrung zu verarbeiten und die auch Hoffnung in mich setzte, eine gute Team-Partnerin zu werden. Irgendwie war alles für mich „zu schön um wahr zu sein", da ich so viel Fürsorge die letzten 10 Jahre nie erlebt hatte, auch nicht von meiner damaligen Upline. Meine Kosmetik-Kundin, die meine erste Sponsorin wurde, arbeitete nie selbständig das Geschäft. Sie profitierte von meinem Erfolg, was ich ihr auch von Herzen gönnte, da ich so glücklich war, dass sie mich in dieses aufregende Networker-Leben gebracht hatte. Sie konnte sich sogar eine Eigentumswohnung in München leisten, was ich einfach toll fand, konnte mich aber nie geschäftlich unterstützen. Die weitere Upline war im Norden Deutschlands ansässig und wir hatten nicht nur räumliche Distanz. So war ich es gewohnt, mich selbst durchzuschlagen, aus Büchern zu lernen, viele CDs zum Thema anzuhören und einfach all meinen Mut zusammenzubringen und es einfach zu tun. Ich hatte den unbedingten Willen zum Erfolg, deshalb hat es auch funktioniert.

Ich musste wohl noch ein wenig länger meine Wunden lecken, mein Opfer-Dasein „pflegen" und so weit unten landen, dass ich einer Einladung auf „die Glaubenswoche" von Karl Pilsl nach Österreich ins Mühlviertel folgte. Ich hatte keine Ahnung, was mich dort erwarten würde – ich folgte meiner Intuition und bat meinen Mann, mit mir dorthin zu fahren, da es mir gesundheitlich wirklich nicht gut genug ging, um alleine diese Strecke zu fahren.

Was ich dort erlebte war sehr unerwartet. Karl Pilsl kannte ich schon 10 Jahre lang, schätzte ihn als Keynote-Speaker einiger Veranstaltungen, wo er über Wirtschaft, naturkonforme

Strategie und politische Themen sprach, sowie von seiner Erfahrung in den beiden Welten Amerika und Europa, in denen er lebte.

Jetzt sprach er über den Glauben, zitierte die Bibel und ich hörte das erste Mal, dass Jesus nicht gekommen sei eine Religion zu gründen, sondern eine Beziehung mit seinen Menschen zu haben. Und dass es nicht darum geht, was *ich* leiste, sondern was Jesus für mich getan hat und ob ich das anzunehmen bereit bin. Das sprengte mein Verständnis von allem, was ich jemals über Kirche und Glauben gehört und gelernt hatte. Ich war inzwischen aus der Kirche ausgetreten, da ich keine spirituelle Heimat finden konnte, weder in der katholischen, noch in der evangelischen Kirche. Ich suchte, wie so viele Menschen heute, mein Glück in der Esoterik, bestellte beim Universum, ließ mir die Tarot-Karten legen, richtete mich nach Mondzeiten und studierte mein Horoskop und ließ nichts unversucht, mein Glück zu finden und mein Schicksal zu meistern. Jetzt erfuhr ich von Karl Pilsl, dass Jesus Freiheit brachte! Freiheit von jeglichem Joch und dass seine Aufforderung in der Bibel steht bei Galater 5,1: Zur Freiheit hat uns Christus befreit. Steht daher fest *und lasst euch nicht wieder ein Joch der Knechtschaft auflegen!*

Und welch ein Joch wurde mir im Namen Gottes früher aufgelegt: Du musst dies, darfst nicht das und wenn… dann!!! Alles bedrohlich und nicht geeignet, das eigene Lebensglück zu finden. Allerdings verstand ich auch, dass ich besser beim Schöpfer aller Dinge „bestelle" als beim Universum, das ja auch Schöpfung ist. Alles war sehr überraschend für mich.

Noch überraschender war, dass mir Karl als ich ihm vorheulte, wie verunsichert ich sei und nicht wisse, was ich denn nun beruflich tun solle, antwortete (O-Ton Karl Pilsl☺):

„Wie deppert kann man denn sein, schon so lange die Produkte dieses wunderbaren Unternehmens im Empfehlungsmarketing zu nehmen und das damit verbundene Business nicht zu arbeiten!" Auf meine Frage hin, ob er mir denn raten würde, mich voll und ganz auf diese Company einzulassen, nach allem was ich erlebt hatte, kam ein klares: „Ja!" Ich war nicht gesund, alles war mir zu viel und ich verzog mich erst mal ins Bett in meinem Hotelzimmer. Hier betete ich mit Flehen und Weinen: „Gott, wenn Du wirklich bist, mich liebst, wie Karl es gesagt hat, dann bitte, bitte gib mir ein Zeichen, was ich tun soll!

Nachts bekam ich auch noch Fieber, wälzte mich unruhig hin und her und hatte wirre Träume. Morgens hatte ich mein erbetenes „Zeichen": Ich war kerngesund, topfit, sagenhaft gut drauf und voller Tatendrang. Alle Trübsal war wie weggeblasen, alle depressiven Gefühle verschwunden und eine lange nicht mehr dagewesene Klarheit erfüllte mich. Mein Mann, der ja länger schon Stimmungsschwankungen bei mir miterleben musste war mehr als erstaunt, mich so fröhlich und gefestigt zu erleben, nach dieser unruhigen Nacht. Das war eindeutig ein Wunder! Ich rannte fast zu Karl, um ihm zu erzählen, wie sehr sich meine Sichtweise über Nacht verändert hatte. Wenig beeindruckt sagte er nur: „Gott kann übernatürlich alles wirken!"

Die Arbeit begann damit zwar erst, aber nun war ich gestärkt, hatte vor mir das Licht am Ende des Tunnels erblickt, also eine echte Perspektive! Hier erkannte ich: „Wenn die Perspektive erwacht, geht die Verzweiflung schlafen."

Ich durfte zuallererst Abbitte leisten bei meinen Teampartnern, allen voran meiner Berliner Freundin, sowie meiner Sponsorin, die sich liebevoll und engagiert zu dieser Zeit, in der ich mit Abwesenheit glänzte, um „meine" Leute kümmerte.

Und wieder einmal: Mein neues Leben

Ich durfte erfahren: „Gott hilft immer, spätestens rechtzeitig", wenn ich mich an IHN wende, IHM glaube. Solange ich auf „Sachen" und Menschen gemachte Ideologien vertraue, lässt ER, ganz Gentleman, mich alleine wurschteln. Das ist die Geschichte mit dem freien Willen. Und wo mich mein Dickkopf hingeführt hat, habe ich ja erzählt und es war nicht immer einfach für mich und andere, die Konsequenzen davon zu tragen.

Ich bin sehr dankbar, dass mich ein hochgeschätztes Kollegen-Ehepaar mitgenommen hat (als ich noch gar keine „richtige" Kollegin war!) nach Houston/Texas in die Lakewood-Church, ein früheres Sportstadion mit 12.000 Plätzen und gefühlten 15.000 Besuchern. Hier durfte ich so ermutigende Worte hören, die mir gezeigt haben, dass Gott so anders ist, als es mir in meiner Kindheit versucht wurde einzureden. Gott liebt seine Menschen. ER ist ein großzügiger, wohlwollender Vater. Wir können mit allem zu IHM kommen und ER hilft immer und bei allem. Oft nicht so, wie wir uns das vorstellen, aber doch immer auf vollkommene Art und Weise.

Als Joel Osteen, Pastor der Lakewood-Church vorgeworfen wurde, ein Wohlstands-Evangelium zu predigen, fragte er, was sonst er predigen solle. Und ja, ich durfte Gott als wunderbar großzügig erleben. ER erfüllt so gerne die Herzenswünsche seiner Kinder, die sich IHM anvertrauen.

Ich höre ganz oft die ermutigenden Botschaften Joel Osteen's via YouTube und kann nur begeistert erzählen, wie sehr mich das beflügelt.

Inzwischen tue ich, was Gott nicht tut und Gott tut, was ich nicht kann.

So bin ich auch ganz gesundgeworden: Mit Gottvertrauen, Disziplin und Vitalstoffen, so wie z.B. speziellen Mikronährstoffen fürs Gehirn.

Für mich ist es schon ein Wunder, dass die Angst verschwunden ist, Depression der Vergangenheit angehört und ich heute die Gewissheit habe, im richtigen Unternehmen gelandet zu sein und damit meine berufliche Heimat gefunden zu haben. Darüber hinaus habe ich für mich die richtige Ernährungsform gefunden, bei der ich gesund schlemmen kann, dabei schlank, fit und gesund bleibe.

Mein Unternehmen bietet hochwertige und sehr speziell formulierte Mikronährstoffe und Super-Foods an zur Prävention für ein langes und gesundes Leben. Da die sogenannten Alterskrankheiten wie Demenz und Alzheimer beängstigend zunehmen, begeistert es mich besonders, dass ich mich hier vorbeugend mit entsprechender „Gehirnnahrung" versorgen kann.

Ich wusste früher gar nicht, was in diesem Bereich alles an Verbesserungen möglich ist.

Ein weiteres Thema ist die Aufrechterhaltung der Fähigkeit der Zellen, sich gesund zu duplizieren. Für Wissenschaftler ein unglaublich weitreichendes Forschungsgebiet. Für mich einfach die Möglichkeit, alles zu tun, um gesund alt zu werden.

Ich muss lachen über den Spruch: „Keiner will alt werden – aber jung sterben will auch niemand!" Nein, ich auch nicht. Ich pflege da lieber ein Bild von mir, als weise, witzige Alte. Und bis dahin glaube ich daran, dass der liebe Gott noch einiges mit mir vorhat.

Ich verdiene genügend Geld um spannende Seminare auf der ganzen Welt buchen zu können, wie z.B. im Jahr 2018 das 4-Tages-High-Performance-Seminar von Brendon Burchard in Phoenix/Arizona.

Und der wohl kostbarste Gewinn ist, dass ich genügend Zeit für mich habe. Ich schätze es unendlich, jeden Tag raus in die Natur gehen zu können, mich meinen Hobbies widmen zu können, wie Bücher schreiben, Klavierspielen und Bergsteigen, sowie Ausbildungen zu absolvieren, was einfach meine große Leidenschaft ist. Z.B. absolvierte ich 2017/2018 bei Veit Lindau, die Ausbildung zum zertifizierten Integral-Life-Coach und Menschenlehrer, was mich beflügelt, weil ich damit immer wieder Menschen helfen kann, sich einige der schmerzlichen Umwege, die mich viel Kraft, Zeit und Geld gekostet haben, zu sparen.

Zusätzlich nehme ich an einer 1.000-Tage-Challenge teil, wo ich seit 06.04.2017 täglich bis 01.01.2020 einen neuen, förderlichen Gedanken trainiere. Heute bin ich beim Impuls Nr. 723 und kann sagen, dass sich mein Leben auch dadurch positiv verändert hat. Es geht hier hauptsächlich darum, die eigene tägliche Routine bewusst gesundheitsfördernd zu gestalten und das eigene Mindset positiv auszurichten. Und das in kleinen Schritten, wie es auch in dem Buch von Jeff Olson: „Slight Edge: Der kleine Vorsprung", beschrieben steht, welches ich begeistert gelesen habe. So habe ich mir mein Fitnessprogramm der kleinen Schritte zu Eigen gemacht, indem ich täglich von Montag bis Freitag 15 Minuten Work-out absolviere. Das ist eine überschaubare Zeit, die ich mir täglich nehmen kann. Und trotzdem kommen über die Wochen und Monate am Jahresende 56 Stunden heraus, obwohl ich Urlaubszeit schon abgezogen habe. So funktioniert letztendlich jedes große Unterfangen. Mein Jakobsweg über 1.000 Kilometer begann mit dem ersten Schritt und täglich gelaufenen 30 Kilometern. Mein Teamaufbau begann mit dem ersten Telefonat und kontinuierlich geführten Gesprächen. Nach dem Motto: „Täglich zwei, ich bin dabei!". So ist jedes große Ziel erreichbar! Kleine Schritte, kontinuierlich gegangen. Diese Kontinuität ist es, die zum Erfolg führt. Dieses Dranbleiben! Der Langsamste, der kontinuierlich immer weitergeht kommt schneller ans Ziel, als ein Sprinter, der auf der Strecke aufgibt.

Mein größtes Glück ist es, dass ich heute, nach 30 Umzügen, endlich mein zu Hause gefunden habe. Ich lebe in Hammer, im wunderschönen Chiemgau. Täglich danke ich Gott für diesen herrlichen Platz, wo ich ein echtes Heimatgefühl habe und ganz liebenswerte, offene Menschen um mich herum kennenlernen durfte, die mich so annehmen, wie ich bin. „Ich bin die Laura – und da bin ich daheim!" Es würde ein eigenes Buch füllen, den Weg zu beschreiben, den ich gehen musste, bis ich hier gelandet bin. Auf alle Fälle wurde ich beschützt und geführt und darf mich täglich an diesem, meinem ganz persönlichen Wunder, erfreuen.

Hier biete ich nicht nur Einzelcoachings an, was natürlich auch am Telefon machbar ist, wobei ich jedes Gespräch als Aufzeichnung zur Verfügung stelle, sondern auch Master-Mind-Gruppen für Menschen, die ihre Genialität leben wollen und Gesprächs-Kreise zu Themen rund um Gott und die Welt.

Innerhalb der Akademie für Glücksforschung e. V., deren Präsidentin ich bin, zeige ich Wege auf, wie glücklich sein gelingt.

Mein wunderbares Empfehlungs-Marketing-Unternehmen verwöhnt alle Partner, die ernsthaft am Teamaufbau mitarbeiten. So durfte ich schon viele Reisen genießen und mein Unternehmen hautnah kennenlernen, sei es in England, wo der Sitz für Europa beheimatet ist, oder in USA im Mutterhaus der Company.

Jedes Jahr gibt es für Führungskräfte eine Zusammenkunft mit den Gründern des Unternehmens auf einem Kreuzfahrtschiff, was ich dieses Jahr zum fünften Mal miterleben durfte. Es ist eine wunderbare Reise, bei der ich neue Eindrücke sammeln darf, neue Freundschaften mit wunderbaren Kollegen knüpfen kann, sowie meinen Horizont erweitere, Neues erfahre und lerne, wie ich immer besser Menschen unterstützen kann, ihre eigenen Ziele zu erreichen.

Die Schwarm-Intelligenz eines großen Netzwerkes ist eine zusätzliche Bereicherung und es gibt gefühlt quasi nichts, wo nicht irgendjemand weiterhelfen kann.

Ich durfte erkennen, dass das Gefühl tiefer Erfüllung im Leben nicht aus dem „bling-bling-Haben" besteht, sondern aus dem Geben der eigenen Gaben, Talente und Fähigkeiten zum Wohle aller.

Ich bin jetzt 64 Jahre auf diesem wunderbaren Planeten Erde und freue mich auf die kommenden 60 Jahre, die ich im Gefühl des Angekommen-Seins leben darf, so Gott will. Ich habe viel Erfahrung gesammelt, die Menschen helfen kann und so erfahre ich mein Glück heute darin, für Menschen da zu sein, die mehr aus ihrem Leben machen wollen, sich herauswagen aus der Normalität des eingeschränkten Mangel-Lebens und eine Sehnsucht haben nach einem erfüllten Leben in Fülle, Freude, Freiheit, Frieden mit guten Freunden, die neidlos fördern und liebevoll fordern, so dass jeder, der es will, zu seiner ihm innewohnenden Genialität finden kann.

Meine Affirmation: „Ich werde 125 Jahre alt, bei bester geistiger, körperlicher, seelischer und emotionaler Gesundheit, so Gott will." Und sollte ich nur noch ein Jahr zu leben haben, würde ich es genauso leben wollen, wie ich es jetzt tue: erfüllt, dankbar und engagiert zum Wohle „meiner Menschen".

Dankeschön

Danke, dass Du mir bis hierher gefolgt bist. Ich wünsche Dir von ganzem Herzen, dass Du Dich traust, Deine Größe zu leben, Dich auszuprobieren, Neues zu wagen. Wir sitzen alle in einem Boot, bewohnen diese eine wunderschöne Erde, auf die wir gut achtgeben sollten. Lass uns gemeinsam die Welt verändern, indem wir bei uns selbst beginnen.

Mir gefällt der Gedanke: „Gottes Liebe drückt sich aus durch die Geschenke, die Gaben und Talente, die ER uns gab. Unser Dankeschön an IHN ist, dass wir unsere Gaben und Talente leben und unsere Geschenke mit anderen teilen.

Vielleicht ist mein neues Buch: „Dein strahlendes, neues ICH - 7 erprobte Schritte in ein freudvolles, selbstbestimmtes Leben" hilfreich für Dich!

In tiefer Verbundenheit,

Deine Laura

PS: Bitte wende Dich mit Deinen Fragen vertrauensvoll an denjenigen, der Dir das Buch empfohlen hat – er hat sich bestimmt erhofft, dass diese Informationen wertvoll für Dich sind!

PPS: wenn Du mehr von mir und meinen Abenteuern wissen willst:

„Der Hintern auf Grundeis, das Herz im Himmel"
Eine Biografie, die Mut macht

Hier habe ich mich offen und ganz gezeigt und meine verrückten, manchmal „Krimi-mäßigen" ersten 50 Jahre meines Lebens erzählt.

Haftungsausschluss

Der Autor übernimmt keinerlei Gewähr für die Aktualität, Richtigkeit und Vollständigkeit der bereitgestellten Informationen in diesem Werk. Haftungsansprüche gegen den Autor, welche sich auf Schäden materieller oder ideeller Art beziehen, die durch die Nutzung oder Nichtnutzung der dargebotenen Informationen bzw. durch die Nutzung fehlerhafter und unvollständiger Informationen verursacht wurden, sind grundsätzlich ausgeschlossen, sofern seitens des Autors kein nachweislich vorsätzliches oder grob fahrlässiges Verschulden vorliegt.

Alle Angebote sind freibleibend und unverbindlich. Der Autor behält es sich ausdrücklich vor, Teile der Seiten oder das gesamte Angebot ohne gesonderte Ankündigung zu verändern, zu ergänzen, zu löschen oder die Veröffentlichung zeitweise oder endgültig einzustellen.

www.ingramcontent.com/pod-product-compliance
Lightning Source LLC
Chambersburg PA
CBHW072223170526
45158CB00002BA/726